LA BARRIÈRE CLICHY

DRAME MILITAIRE EN 5 ACTES ET 15 TABLEAUX,

PAR

M. ALEXANDRE DUMAS,

Mise en scène de **M. ALBERT**, Musique de **M. FESSY**, Ballet de **M. LAURENT**,
Décorations de **MM. WAGNER, CICÉRI, CHERET, DUFLOCQ, MOYNET** et **SACCHETTI**.

REPRÉSENTÉ, POUR LA PREMIÈRE FOIS, A PARIS, SUR LE THÉATRE-NATIONAL (ANCIEN CIRQUE),
LE 21 AVRIL 1851.

PERSONNAGES.	ACTEURS.	PERSONNAGES.	ACTEURS.
NAPOLÉON......... MM.	BOILEAU.	UN PARLEMENTAIRE	
VICTOR............	LAFERRIÈRE.	FRANÇAIS.........	AMELINE.
BERTAUD..........	EDMOND GALLAND.	UN SAPEUR........	LECOLE.
FORTUNÉ...........	PASTELOT.	MAJOR PRUSSIEN....	THILL.
DUC DE VICENCE...	GAUTIER.	JEAN LEROUX......	MAXIME.
EMMANUEL DE MÉGRIGNY..............	JULIEN MARY.	UN POSTILLON......	ACHILLE.
		CHAUTARD.........	LOUIS.
LE PRÉFET.........	COULOMBIER.	ANDRIEUX..........	***
BRISQUET.........	THÉOL.	UN MATELOT.......	MONIN.
BLUCKER.......... } MONCEY........... }	NOEL.	UN PROVENÇAL.....	FÉLIX.
		CATHERINE......... Mmes	MEIGNAN.
LORRAIN..........	PATONNELLE.	FRANCE............	ISABELLE CONSTANT.
LE GÉNÉRAL MICHEL.	DREMOND.	LA CALADE.........	USANNAZ.
BASTIEN...........	AMÉDÉE ROQUES.	UNE VIEILLE FEMME..	CHÉZA.
MICHELIN..........	LAISNE.	LA SERVANTE......	ANNA.
PIERRE...........	SIGNOL.	ARTHUR, } élèves	FOLLET.
POINTU...........	FRÉDÉRIC.	HENRI, } de l'École	DUFOSSÉ.
MAJOR DE L'ÉCOLE..	ÉDOUARD.	LÉON, } polytechnique	BOILEAU.
CAMPBELL.........	SALLERIN.	ÉTAT-MAJOR FRANÇAIS, ÉTAT-MAJOR PRUSSIEN, SOLDATS FRANÇAIS, SOLDATS PRUSSIENS, SOLDATS AUTRICHIENS, INVALIDES, ÉLÈVES DE L'ÉCOLE POLYTECHNIQUE, GENDARMES, PAYSANS, HOMMES ET FEMMES DU PEUPLE, PAGES DE L'EMPEREUR.	
MARÉCHAL BERTRAND.	TISSU.		
UN GROGNARD......	***		
UN PARLEMENTAIRE PRUSSIEN.........	COCHEZ.		

1814-1815.

ACTE PREMIER.

Premier Tableau.

26 JANVIER 1814.

Au matin, un peu avant le jour. Une place dans la petite ville de Saint-Dizier. — A gauche du spectateur la maison du colonel Bertaud ; derrière la maison, une rue qui traverse le théâtre. — Au fond, la maison de Fortuné Michelin. — Quoiqu'il soit encore nuit, on sent que la petite ville ne dort pas. On voit de la lumière dans la plupart des maisons.

SCÈNE PREMIÈRE.

VICTOR BERTAUD, UN POSTILLON ; *tous deux sont couverts de boue, on voit qu'ils ont couru la poste à franc étrier.* — CATHERINE *assise sur une borne.*

VICTOR, *arrêtant son cheval à la porte de la maison à gauche.* O oh !!

LE POSTILLON. Je crois que nous voilà arrivés, hein! Oh ! le joli train que vous allez! Savez-vous ce que nous avons mis de Fignicourt ici?

VICTOR, *tirant sa montre*. Une heure!

LE POSTILLON. Une heure! une heure pour trois lieues et demie. Excusez! vous marchez comme un courrier de cabinet, mauvaise pratique. (*A son cheval*.) N'est-ce pas, Blücker?

VICTOR. Dis donc, Thomas... il s'appelle Blücker ton cheval?

LE POSTILLON. Oui; je l'ai appelé comme cela, parce qu'il est méchant comme un âne, il ne fait que ruer. Te tiendras-tu tranquille un peu? Tu vois bien qu'on nous mesure notre avoine. Faites bonne mesure, monsieur Victor.

VICTOR. Une poste et demie, six francs. Trente sous de guides, sept francs dix sous. Tiens voilà dix francs.

LE POSTILLON. Est-ce bien utile de vous rendre les cinquante sous de différence?

VICTOR. Non, c'est pour Blücker.

LE POSTILLON. Tiens, mon bonhomme.

VICTOR. Que fais-tu?

LE POSTILLON. Je lui fais passer votre monnaie devant le nez.

VICTOR. Ce qui veut dire qu'il aura couru pour le roi de Prusse.

LE POSTILLON. Eh donc, il ne s'appelle pas Blücker pour rien. Allons, en route! mauvaise troupe! (*S'arrêtant*.) A propos, monsieur Victor, vous savez que les Cosaques sont tout autour d'ici; n'est-ce pas à Toul, à Chaumont, à Bar-sur-Ornain? Il n'y a donc pas de temps à perdre à emmener mademoiselle votre sœur, et si j'ai un conseil à vous donner, puisque vous venez la chercher exprès de Paris, c'est de ne pas trop lanterner. Adieu, monsieur Victor. Haup!... (*Il sort au trot*.)

VICTOR. Merci! mon ami, merci! (*Il va pour sonner, Catherine se lève et vient se placer entre la sonnette et lui*.)

CATHERINE. Monsieur Victor!

VICTOR. Que me voulez-vous, mon enfant?

CATHERINE, *levant la coiffe de son mantelet*. Vous ne me reconnaissez pas? vous ne reconnaissez pas la pauvre Catherine, votre sœur de lait?

VICTOR. Oh! si fait, ma bonne Catherine. Et que fais-tu dans la rue à cette heure?

CATHERINE. Ah! monsieur Victor, je suis bien malheureuse, allez.

VICTOR. En effet, j'ai entendu parler de cela, ma pauvre fille. Jean Leroux, qui devait t'épouser, est parti avec l'avant-dernière levée de trente mille hommes, et il a été tué à Leipsick en te laissant... (*Il hésite*.)

CATHERINE. En me laissant enceinte, hélas! oui. Dame! je voudrais nier, monsieur Victor, que je ne pourrais pas, c'est su de tout le monde. J'ai caché autant que j'ai pu mon malheur au vieux père Michelin, mais au moment critique il a bien fallu tout lui avouer. Il m'a donné quinze jours pour reprendre des forces, puis au bout de quinze jours il m'a mis un sac d'argent dans les mains. Cinq cents francs, tout ce qu'il y avait à la maison. Après quoi il m'a chassée moi et mon enfant.

VICTOR. Et depuis ce temps-là, pauvre fille?

CATHERINE. Et depuis ce temps-là il n'a pas voulu me revoir, quoique je lui aie fait parler même par votre sœur, qu'il aime et respecte comme une sainte cependant. Eh bien, même à votre sœur il a refusé.

VICTOR. Et il est seul?

CATHERINE. Non, il a écrit à mon frère Fortuné et mon frère Fortuné est près de lui.

VICTOR. Comment! Fortuné a quitté mon père?

CATHERINE. Il paraît qu'il a demandé son congé à l'Empereur et que l'Empereur le lui a donné.

VICTOR. Et lui, l'as-tu vu, Fortuné?

CATHERINE. Oh! bien oui, il est encore pire que mon père. Il a dit que si jamais je me trouvais sur son chemin il me casserait bras et jambes pour être sûr de ne plus me rencontrer.

VICTOR. Pauvre Catherine! Et que faisais-tu là?

CATHERINE. Dame! monsieur Victor, c'est la maison où je suis née, c'est la maison où ma pauvre mère est morte. Vous savez, on dit que quand les avares meurent avec un trésor enterré quelque part, leur âme revient errer autour de l'endroit où ce trésor est enterré. Moi je suis morte, monsieur Victor, morte au monde; le trésor de ma jeunesse et de mon innocence est enterré dans cette maison, et ma pauvre âme revient errer autour de lui.

VICTOR. Et ton enfant, Catherine?

CATHERINE. C'est un garçon. Oh! si vous le voyiez, beau comme un ange, monsieur Victor. Pauvre petit, il ne sait pas ce qu'il me coûte. Oh! il faudra qu'il m'aime bien, pour me rendre en amour tout le bonheur qu'il m'a pris. Il est à une lieue d'ici sur la route de Moutier-en-Der, chez ma tante Julienne.

VICTOR. Catherine, as-tu besoin de quelque chose?

CATHERINE. Merci, monsieur Victor, je n'ai besoin de rien... que de pitié.

VICTOR. Veux-tu que j'essaye de te raccommoder avec ton frère?

CATHERINE. Essayez; mais je n'ai pas d'espoir.

VICTOR. N'importe, on peut le tenter toujours. Mais attends, comme je n'ai que bien peu de temps à moi, je vais prévenir ma sœur de mon arrivée, et tandis qu'elle s'habillera, eh bien! je parlerai à Fortuné. (Il sonne.)

CATHERINE. Vous êtes bien bon, monsieur Victor.

VICTOR. Sais-tu ce que tu devrais faire pendant ce temps, ma bonne Catherine?

CATHERINE. Dites, monsieur Victor.

VICTOR. Tu devrais aller jusqu'à la poste et commander deux chevaux; on les enverra tout harnachés pour les mettre ici à la voiture. (Il sonne une seconde fois.)

CATHERINE. J'y cours, monsieur Victor, j'y cours. (Elle sort.)

SCÈNE II.
VICTOR seul, puis **GROS-PIERRE.**

VICTOR. Eh bien! vous autres, là-dedans, êtes-vous morts?

GROS-PIERRE, de l'intérieur. Voilà! voilà! Qui est-ce qui sonne?

VICTOR. C'est moi, ouvre.

GROS-PIERRE, ouvrant la fenêtre, un fusil à la main. Qui vous?

VICTOR. Comment! tu ne me reconnais pas, animal?

GROS-PIERRE. Tiens, c'est notre jeune maître; je vous demande pardon. Dame! vous savez, comme on attend les Prussiens d'un moment à l'autre, on se barricade.

VICTOR. C'est bien, c'est bien. N'est-on pas prévenu de mon arrivée ici?

GROS-PIERRE. Oh! si fait; monsieur le colonel nous a envoyé un exprès hier.

VICTOR. Et où était-il hier?

GROS-PIERRE. A Arcis-sur-Aube.

VICTOR. Alors la voiture est prête.

GROS-PIERRE. Toute chargée, monsieur Victor.

VICTOR. Préviens ma sœur de mon arrivée afin qu'elle s'habille.

GROS-PIERRE. Oh! ce ne sera pas long. Comme elle vous attendait d'un moment à l'autre, je crois qu'elle s'est jetée sur son lit toute habillée.

FRANCE, de l'intérieur de la maison. Mon frère! c'est toi, mon frère!

GROS-PIERRE. Tenez, la voilà.

VICTOR. Oui, petite sœur, c'est moi. (La porte s'ouvre.) Viens! viens!

SCÈNE III.
VICTOR, FRANCE.

FRANCE. Oh! que je suis contente de te voir; oh! comme j'avais peur! Tu sais que l'ennemi n'est plus qu'à quatre ou cinq lieues d'ici. Mon père m'a écrit que tu venais me chercher pour me conduire à Paris. Pauvre père! il est à Arcis-sur-Aube; l'as-tu vu en passant?

VICTOR. Non, je suis venu par la route de Châlons.

FRANCE. Et l'Empereur, où est-il?

VICTOR. Il devait quitter Paris dans la nuit du jour où je l'ai quitté moi-même.

FRANCE. Et que dit-on à Paris? A-t-on quelque espoir? L'Empereur ne laissera pas l'ennemi aller plus loin, n'est-ce pas?

VICTOR. Il faut l'espérer, France. En attendant, apprête-toi... on est allé chercher les chevaux. Tu emmèneras Brigitte, préviens-la.

FRANCE. Oh! elle ne se fera pas attendre, sois tranquille. Mais, entre donc.

VICTOR. Non, je veux parler à Fortuné Michelin.

FRANCE. Ah! oui, c'est vrai, il est revenu... Tu sais, cette malheureuse Catherine...

VICTOR. Je sais tout; je viens de la voir. Pauvre enfant! Justement voilà Fortuné qui se réveille... laisse-moi causer un instant avec lui... Dans dix minutes nous partons.

FRANCE. Embrasse-moi encore une fois, frère. Oh! je suis si contente de te revoir! (Elle l'embrasse.) Bonjour, Fortuné! (Elle rentre.)

SCÈNE IV.
VICTOR, FORTUNÉ.

FORTUNÉ. Bonjour, mademoiselle France, vous me faites honneur, bonjour. Mais je ne me trompe pas, c'est monsieur Victor. (La main au bonnet de police.) Monsieur Victor!

VICTOR. Oui, c'est moi, mon ami.

FORTUNÉ. Vous, monsieur Victor! vous avez donc quitté l'école polytechnique?

VICTOR. Oui, j'ai obtenu un congé pour venir chercher ma sœur en l'absence de mon père. Mais toi, tu as donc quitté mon père?

FORTUNÉ. Oui, monsieur Victor, je me suis réintégré dans le civil; j'ai pris mon congé définitif, c'est ma façon de penser pour le moment.

VICTOR. Et comment cela as-tu pris ton congé?

FORTUNÉ. Oh! de la manière la plus simple. A la revue que Sa Majesté l'Empereur et roi a passée il y a quinze jours, je suis sorti des rangs, j'ai porté la main au shako et j'ai attendu. Il s'est dit : Bon, voilà un de mes anciens qui a affaire à moi, et il s'est approché. Ah! c'est toi, Michelin, a-t-il dit ; vous savez, il me connaît l'Empereur ; puis se retournant vers son frère Jérôme qui l'accompagnait : Ne fais pas attention, lui a-t-il dit, c'est un fusil d'honneur de Marengo et une croix d'honneur de Wagram qui a deux mots à me dire ; allons, parle, que désires-tu ? — Mon congé, Sire. — Comment, ton congé ? — Oui, Sire. — Au moment où l'ennemi entre en France, un ancien des Pyramides, de Marengo, d'Austerlitz, de Wagram, de la Moskowa et de Leipsick demande son congé ; allons donc, impossible ! — C'est ma façon de penser, Sire. — Et si ce n'est pas la mienne, à moi ? — Ah ! Votre Majesté est libre, mais dans ce cas-là il mourra de chagrin. — Qui est-ce qui mourra de chagrin ? — Le vieux, celui de la guerre de sept ans, dont le congé est signé Soubise, mon père ! — Ton père mourra de chagrin si tu n'as pas ton congé ? — Oui, Sire. — Explique-moi cela. — Il a quatre-vingts ans et il est tout seul. — Tout seul, et comment a-t-il fait jusqu'à présent ? — Il avait une fille, ma sœur Catherine. — Eh bien ! Catherine ? — Eh bien ! Sire, elle est morte.

VICTOR. Comment, elle est morte ?

FORTUNÉ. Oui, monsieur Victor, morte, c'est ma façon de penser.

CATHERINE, *qui a entendu.* Mon Dieu !

FORTUNÉ. Enfin, vous comprenez bien, Sire, le vieux, celui de la guerre de sept ans, il a quatre-vingts ans, il est à moitié paralysé, il a besoin de quelqu'un qui le soigne, de quelque chose comme d'une bonne ; eh bien ! je quitte votre service pour le sien, je donne ma démission de grognard, je me fais femme de ménage. — Ah ! tu m'en diras tant, fit l'Empereur. Ta demande t'est accordée, mon brave. Berthier, ce brave homme a son congé, cinq cents francs de pension et la croix. Mes compliments au vieux de la guerre de sept ans. — On n'y manquera pas, Sire. Et il a continué son chemin. Moi, je suis rentré dans les rangs, en disant : Cinq cents livres de pension, la croix deux cent cinquante, total sept cent cinquante livres ; avec cela on a du pain pour deux, et même on en aurait en pour trois et aussi pour quatre si les autres avaient été dignes de manger du pain.

VICTOR. Voyons, mon cher Fortuné, tu m'aimes bien, n'est-ce pas ?

FORTUNÉ. Si je vous aime ! C'est moi qui vous ai reçu des mains de la sage-femme et qui vous ai porté à votre père, en lui disant : C'est un garçon ! mon capitaine, c'est un garçon ! que vous criiez même comme un tambour qui a perdu ses baguettes. Si je vous aime ! Non-seulement je vous aime, mais je vous respecte.

VICTOR. Eh bien ! mon ami, si je te demandais une grâce, tu me l'accorderais bien.

FORTUNÉ. Ecoutez, monsieur Victor, je vous vois venir en tirailleur ; ne nous emberlificotons pas dans les feux de file et parlons franc ; vous voulez en arriver à Catherine ; n'est-ce pas ?

VICTOR. Mon cher Fortuné !

FORTUNÉ. Vous me faites honneur, mais voici ce qui était convenu dans le régiment : les enfants illégitimes, nés en dehors du mariage, n'y étaient reçus qu'emmaillottés dans un brimborion de drapeau russe, autrichien ou prussien, n'importe lequel. C'était l'affaire du père ou de la mère de se procurer le chiffon, ça lavait tout, le baptême de feu légitimait l'enfant. C'était notre façon de penser.

VICTOR. Ainsi ?

FORTUNÉ. Ainsi, qu'on m'emmaillotte le moutard dans un chiffon quelconque du calibre de celui que j'ai dit, qu'on me l'apporte, et quand il aurait une queue longue comme celle de l'empereur d'Autriche, ce qui est invraisemblable, je dirais c'est mon neveu ; jusque-là je ne sais pas où est Catherine. (*Il regarde de son côté.*) Mais qu'elle ne se hasarde pas à reparaître devant mes yeux, ni devant ceux du vieux de la guerre de sept ans, c'est un conseil que je lui donne. (*Entrée des paysans.*) Bon voyage, monsieur Victor, et bien des compliments au colonel.

VICTOR. Et tu restes ici toi et ton père, tu ne crains pas...

FORTUNÉ. Que voulez-vous que je craigne, monsieur Victor ?

VICTOR. Que les Prussiens, les Autrichiens ou les Cosaques te reconnaissent pour un troupier et te fassent un mauvais parti ?

FORTUNÉ. A moi ? pourquoi cela, puisque j'ai pendu la clarinette et déposé le coupe-choux ? D'ailleurs, moi je n'y crois pas aux Prussiens, aux Autrichiens et aux Cosaques.

VICTOR. Il me semble que plus d'une fois cependant tu t'es trouvé en face d'eux.

FORTUNÉ. Ah ! oui, à l'étranger, mais pas chez nous. Ecoutez bien ceci : tant que le petit Caporal sera vivant, ils n'oseront point passer la frontière. Et en Lorraine et en Champagne vous savez que ça ne reprend pas de bouture, les Prussiens...

VICTOR. Mais puisqu'on te dit qu'ils sont à six lieues d'ici.

FORTUNÉ. C'est pas vrai !

VICTOR. Puisqu'on te dit qu'on a vu leurs avant-postes à Bar-sur-Ornain et à Bar-sur-Seine.

FORTUNÉ. C'est pas vrai.

VICTOR. Puisqu'on te dit que la vieille garde les a rencontrés hier à Colombay les Deux Eglises et qu'il y a eu un engagement.

FORTUNÉ. Et le résultat de l'engagement?

VICTOR. C'est que la vieille garde est en retraite sur Troyes. (*Entrée des paysans qui déménagent.*)

FORTUNÉ. C'est pas vrai.

VICTOR. Mais pour qui donc prends-tu tous ces pauvres gens qui déménagent, qui s'exilent, qui fuient? regarde!

FORTUNÉ. Pour des poltrons; du moins c'est ma façon de penser. (*Il rentre.*)

SCÈNE V.
VICTOR, CATHERINE.

CATHERINE. Merci, monsieur Victor!

VICTOR. Tu as entendu?

CATHERINE. Oui. Où est l'armée française?

VICTOR. A deux ou trois lieues d'ici sur la route de Châlons et d'Arcis-sur-Aube.

CATHERINE. C'est bien.

VICTOR. Où vas-tu?

CATHERINE. Votre père est là, monsieur Victor; je vais le prier de me faire recevoir dans son régiment comme vivandière; et le premier drapeau ennemi qu'on y prendra, si c'est un bon garçon qui le prend, il m'en donnera bien un morceau.

VICTOR. Va, mon enfant, et recommande-toi de moi.

CATHERINE. Vous êtes bien bon, monsieur Victor. Adieu.

VICTOR. Adieu, Catherine.

SCÈNE VI.
VICTOR, FRANCE, BRIGITTE, BERNARD.

VICTOR. Allons, France, allons, Brigitte.

FRANCE. Me voilà, frère.

VICTOR, *au postillon*. Eh bien, quelles nouvelles, Bernard?

BERNARD. Mauvaises, Monsieur, mauvaises.

FRANCE. Vous ne savez pas si Emmanuel est de retour, mon ami?

BERNARD. Non, Mademoiselle.

VICTOR. Comment, Emmanuel, Emmanuel Mégrigny notre cousin, lui serait-il arrivé quelque accident?

FRANCE. J'en ai peur. Avant-hier sa mère a reçu une lettre annonçant qu'il partait de Troyes, et elle ne l'a pas encore vu.

BERNARD. Ah! dame! s'il a rencontré les Cosaques!...

FRANCE. Eh bien?

BERNARD. Tenez, voilà de pauvres gens qui ont été dépouillés par eux à deux lieues d'ici. L'homme a même reçu un coup de lance dans le bras.

VICTOR. Les misérables! Viens, ma sœur.

FRANCE. Mais ils ont peut-être besoin, mon frère, mais ils n'ont peut-être pas d'argent, laisse...

VICTOR, *distribuant de l'argent aux fugitifs*. Tenez, mes amis, tenez.

LES FUGITIFS. Merci, mon jeune monsieur, merci, ma belle demoiselle. (*Des gens accourent avec des cris.*)

VICTOR. Qu'est-ce que c'est que cela?

BERNARD. Faut-il faire avancer la voiture?

VICTOR. C'est inutile... nous y allons. Prends garde à toi, Fortuné!

FORTUNÉ, *arrangeant un fauteuil devant la porte*. N'ayez pas peur, on a là dans un petit coin le fusil à deux coups du vieux, du temps qu'il était garde dans la forêt de Der.

VICTOR, *partant*. Adieu.

FORTUNÉ. Adieu, monsieur Victor et la compagnie.

UN PAYSAN. Dieu vous conduise, ma jolie demoiselle; Dieu vous conduise, mon brave jeune homme.

SCÈNE VII.
Toute la ville en rumeur questionnant ceux qui passent. Chacun va et vient. On sent l'approche de l'ennemi.

UN HOMME, *interrogeant les fugitifs*. Et les Cosaques, où vous ont-ils rejoints?

LE PAYSAN. Entre Chamouilley et Ancerville.

UNE FEMME. Alors ils vous ont dépouillés?

LE PAYSAN. Voyez, dépouillés et battus.

BRISQUET. Est-ce que c'est vrai qu'il y en a qui ont des arcs et des flèches?

UNE FEMME. Oui, et des lances de dix pieds de long avec des clous au bout.

BRISQUET. Mais ce sont donc de vrais sauvages. Dites donc, si je montais sur un toit je vous dirais où ils sont.

TOUS. C'est vrai! c'est vrai! (*Brisquet monte sur un toit.*)

FORTUNÉ, *conduisant le vieillard au fauteuil qu'il lui a préparé.*

Tenez, installez-vous là, père; l'air n'est pas chaud, mais c'est un zéphir en comparaison de celui qui nous caressait les oreilles à Moskou.

LE VIEILLARD. Qu'est-ce que tout ce monde-là, Fortuné?

FORTUNÉ. Rien! rien!

LE VIEILLARD. Mais que disent-ils?

FORTUNÉ. Des bêtises.

LE VIEILLARD. Pourquoi courent-ils comme cela?

FORTUNÉ. C'est aujourd'hui dimanche et ils s'amusent.

PIERRE. Y es-tu? Brisquet.

BRISQUET, *sur le toit*. Oui, m'y voilà...

PIERRE. Eh bien! que vois-tu?

BRISQUET (*du toit*). Oh! la plaine, elle est toute noire!

UNE FEMME. Est-ce qu'ils viennent par ici?

BRISQUET. Oui, il y en a qui vont du côté de Moutier-en-Der et puis d'autres encore du côté de Vitry-le-Français. (*On entend le tocsin.*)

PIERRE. Allons, bon! Et ce tocsin, d'où ça vient-il encore?

BRISQUET. Oh! c'est Chancenay qui brûle!

PIERRE. Ah çà! mais s'ils dépouillent les pauvres gens, s'ils brûlent les villages, il faudrait pourtant bien se revenger un peu.

BRISQUET. Oh! là-bas! là-bas! sur la route de Bétancourt, oh! ils sont à cheval; oh! ils viennent de ce côté-ci au grand galop, les voilà qui entrent dans la ville. Les cosaques! les cosaques! (*On entend des voix.*) Les cosaques! les cosaques! (*Tout le monde sort, d'autres entrent.*)

DES VOIX. Les cosaques! les cosaques! (*Seconde alerte, tout le monde fuit, portes et fenêtres se ferment. On continue de sonner le tocsin.*)

FORTUNÉ. Ah! décidément ce sont eux. Cette fois-ci, je crois qu'il serait bon de faire rentrer le père, on est casuel à cet âge-là. Allons, allons, père, rentrez, rentrez.

TOUS. Les cosaques! les cosaques!

SCÈNE VIII.

FORTUNÉ, LE VIEILLARD, LES COSAQUES.

LES COSAQUES, *passant au galop*. Hurrah! hurrah! hurrah! (*Fortuné fait rentrer son père en poussant la porte devant lui. Un dernier Cosaque passe, et voyant une porte que l'on ferme, tire un pistolet de sa ceinture et fait feu dans la porte. On entend un cri.*)

LE COSAQUE, *en passant*. Hurrah! (*Il disparaît avec ses compagnons, la porte se rouvre.*)

SCÈNE IX.

FORTUNÉ, LE VIEILLARD, *râlant dans ses bras; la balle lui a traversé le cou.*

FORTUNÉ, *le laissant glisser de ses bras à terre.* Oh! les gueux! oh! les scélérats! Père, dis donc, père?

LE VIEILLARD *agonisant*. Hoo! hoo!

FORTUNÉ. Oui, je comprends, ça veut dire vengeance. Sois tranquille, père, on te vengera. (*Les gens sortent de leurs maisons.*)

L'HOMME. On a tiré un coup de fusil.

PIERRE. Non, c'est un coup de pistolet. (*Ils aperçoivent le groupe de Fortuné et du vieillard.*) Oh! regardez donc le vieux, il est plein de sang.

UN AUTRE HOMME. Qu'y a-t-il, Fortuné, qu'y a-t-il?

FORTUNÉ. Il y a que les brigands, ils ont tué un vieillard de 80 ans, comme si c'était la peine de tuer les gens à cet âge-là, quand ils sont en train de mourir tout seuls.

L'HOMME. Tué! tué! oh! non, non! Un médecin, un chirurgien!

FORTUNÉ. Oh! inutile, j'en ai vu quelques-uns comme cela dans ma vie, je m'y connais, c'est fini. Adieu, vieux, tu sais ce que je t'ai dit, sois tranquille. Tenez, mes amis, aidez-moi à le transporter sur son lit.

PIERRE. Il ne manquait plus que ça, assassiner des vieillards! ça ne vous met pas la rage dans le cœur, et ça ne vous donne pas l'envie de pourchasser ces gredins-là jusqu'au fond de leur Caucase?

L'HOMME. Vous n'avez besoin de rien, Fortuné?

FORTUNÉ, *refermant les volets de la maison.* Non, merci!

L'HOMME. Mais pourquoi vous enfermez-vous?

FORTUNÉ, *sombre.* C'est ma façon de penser.

BRISQUET, *sur le toit.* Oh! voilà encore un village qui brûle là-bas, c'est Villiers. (*Il carillonne sur la cloche.*) Alerte! alerte! voilà l'ennemi! les Prussiens!..

TOUS. Aux armes!... (*On entend les cornets des Prussiens qui se rapprochent.*)

SCÈNE X.

(*Un régiment entre dans la ville. Au moment où le Colonel paraît sur la place, la fenêtre du premier s'ouvre, Fortuné paraît son fusil à deux coups à la main, ajuste le Colonel et tire. Le Colonel tombe.*)

FORTUNÉ. Mouche à mouche. (*Cris, tumultes, les Prussiens quittent leurs rangs, les uns veulent enfoncer la porte de la maison, les autres veulent mettre le feu à la ville.*)

LE MAJOR. Il y a deux heures de pillage pour le soldat, et le feu à la ville! allez. (*Fortuné reparaît à une autre lucarne, il ajuste le Major et tire, le Major tombe.*) A moi la belle! C'est ma façon de penser. (*Il se sauve par le toit et se laisse glisser de l'autre côté, au milieu des coups de fusil dont pas un ne l'atteint. On entend les tambours français* qui battent la charge, du côté opposé où sont venus les Prussiens.)

BRISQUET, sur le toit. Ah! les Français! les Français! vivent les Français! (Au cri: Les Français, les Français, quelques fenêtres et quelques portes se rouvrent, des canons de fusil font feu par les entrebâillements. La charge se rapproche. Les Cosaques repassent en désordre.)

SCÈNE XI.

Les PRUSSIENS battant en retraite, les FRANÇAIS apparaissant; fusillade. Le COLOLEL BERTAUT, à la tête de son régiment, emporte la place, maison à maison. L'EMPEREUR paraît.

DES VOIX. L'Empereur! l'Empereur! vive l'Empereur!

BRISQUET, agitant le drapeau tricolore. Vive l'Empereur!

L'HOMME. (Tous les habitants sortent des maisons.) Oh! il était temps que vous arrivassiez, Sire!

L'EMPEREUR. Me voilà, mes enfants, soyez tranquilles. Colonel Bertaut, poussez les Prussiens jusqu'à ce que vous trouviez une résistance sérieuse, et alors revenez me trouver avec un ou deux prisonniers, si c'est possible.

BERTAUT. Sire, voici ma maison; elle est à la disposition de votre majesté. Pierre, ouvrez tout, illuminez tout.

L'EMPEREUR. Merci, colonel; peut-être en profiterai-je. En attendant, j'ai à causer avec tous ces braves gens-là. Je veux qu'ils me voient, je veux qu'ils me touchent, je veux qu'ils me sentent au milieu d'eux.

TOUS. Vive l'Empereur!

L'EMPEREUR. Une table et une chaise, voilà tout ce que je demande.

BERTAUT. Une table et une chaise pour l'Empereur. (A Pierre.) Et mon fils et ma fille, Pierre?

PIERRE. Partis depuis une heure pour Paris, mon colonel.

BERTAUT. Bien. (Aux soldats.) En avant! mes amis, en avant.

SCÈNE XII.

L'EMPEREUR, BERTHIER, l'état-major, la population se pressant autour de lui.

L'HOMME. Oh! Sire! Sire! vous voilà donc! Quel bonheur! oh! nous ne craignons plus rien maintenant, l'Empereur est avec nous, vive l'Empereur!

L'EMPEREUR. Merci, mes amis, merci! Eh bien, voyons, qu'y a-t-il?

PIERRE. Il y a, Sire, que tout est en feu aux environs. Il y a que nous sommes entourés d'ennemis, et qu'ils étaient là tout à l'heure, les gueux, les brigands, et qu'ils ont tué un homme.

L'EMPEREUR. Un homme du pays?

PIERRE. Oui, Sire, un vieillard de 80 ans.

L'EMPEREUR. Les misérables! Berthier!

BERTHIER. Sire?

L'EMPEREUR. Cinq cents francs pour la famille.

FORTUNÉ, paraissant avec son fusil à deux coups. Inutile, Sire.

L'EMPEREUR. Ah! c'est toi, Michelin. Pourquoi inutile?

FORTUNÉ. Parce que c'était mon père.

L'EMPEREUR. Ton père! mon pauvre Michelin.

FORTUNÉ. Oui, le vieux, le vieux de la guerre de Sept ans.

L'EMPEREUR. N'était-ce point pour soigner ce vieillard que tu m'as demandé ton congé?

FORTUNÉ. Oui, Sire; mais il n'a plus besoin de rien, pauvre vieux, sinon...

L'EMPEREUR. Sinon d'être vengé, n'est-ce pas?

FORTUNÉ. Oh! quant à cela il doit être content. J'ai fait coup double sur le colonel et le major du régiment que mon colonel est en train de reconduire. Mais ce n'est pas cela qui lui ferait plaisir.

L'EMPEREUR. Eh bien! voyons; dis.

FORTUNÉ. Eh bien! ce qui lui ferait plaisir, c'est quand on va le porter en terre tout à l'heure, ça serait que les tambours lui battissent un pauvre petit ban, comme cela... Ramplan! ramplan! accompagné de quelques coups de fusil, qui lui rappelassent ses vieilles guerres; il demandait toujours cela, pauvre vieux, à son enterrement. C'était sa façon de penser.

L'EMPEREUR. C'est bien; ce sera fait.

FORTUNÉ. Merci, mon empereur.

L'EMPEREUR. Voyons, mes enfants, lesquels d'entre vous peuvent me donner des renseignements?

EMMANUEL. Moi, sire, si Votre Majesté le permet.

L'EMPEREUR. Vous! Soit; approchez. (Il s'approche de la table sur laquelle on a étendu des cartes.) Que savez-vous?

EMMANUEL. Je puis dire d'une manière précise à Votre Majesté où est l'ennemi.

L'EMPEREUR. Où est l'ennemi?

EMMANUEL. En revenant de Bar-sur-Aube, j'ai été pris par les Prussiens et conduit à Blücker, qui m'a gardé deux jours. Je me suis sauvé il y a un quart d'heure seulement.

L'EMPEREUR. Comment cela?

EMMANUEL. Un régiment français, guidé par une jeune fille de ce village, par la sœur du soldat qui tout à l'heure avait l'honneur de parler à Votre Majesté, est tombé à l'improviste sur le campement prussien, de sorte qu'au milieu du désordre j'ai pu sauter sur un cheval et venir rassurer ma pauvre mère qui me croyait perdu.

L'EMPEREUR. Et que pouvez-vous me dire?

EMMANUEL. Sire, le maréchal Blücker et le général Sacken ont passé cette nuit à Bar-sur-Aube et doivent être en ce moment aux environs de Brienne, marchant sur Troyes pour y donner la main aux Autrichiens. Le corps que nous venons de rencontrer ici est celui du général Lanskoï, qui suivait celui du général Sacken. Enfin les troupes restées en arrière sont celles du général York, chargées de contenir la garnison de Metz.

L'EMPEREUR. Ah! ah! Ainsi nous venons de couper en deux l'armée de Blücker, au moment où elle passe de Lorraine en Champagne.

EMMANUEL. Justement, Sire.

L'EMPEREUR. Comment savez-vous tout cela, monsieur?

EMMANUEL. On ignorait que je connusse la langue allemande, de sorte que l'on ne se cachait point de moi.

L'EMPEREUR. Qui êtes-vous, monsieur?

EMMANUEL. Sire, je me nomme Emmanuel de Mégrigny; je suis neveu du colonel Bertaud.

L'EMPEREUR. Bien; que faites-vous?

EMMANUEL. J'étudie la chirurgie à Troyes. Je venais près de ma mère que je ne voulais pas laisser seule et exposée au milieu des ennemis, lorsque j'ai été pris par les Prussiens.

L'EMPEREUR. Voulez-vous être attaché à mon état-major?

EMMANUEL. Sire, ce serait un si grand honneur que je n'ose l'espérer.

L'EMPEREUR. C'est bien. Berthier, inscrivez ce jeune homme.

SCENE XIII.

LES MÊMES, BERTAUD, *revenant.*

BERTAUD. Sire!

L'EMPEREUR. Eh bien! colonel?

BERTAUD. Sire, je ne crois pas que nous ayons de grandes forces devant nous. L'ennemi n'a pas tenu. J'ai fait faire halte au régiment à un quart de lieue de la ville, où il restera de grande garde jusqu'à l'heure où Votre Majesté le rappellera.

L'EMPEREUR. C'est bien, mon cher colonel.

BERTAUD. Votre Majesté a eu des renseignements positifs?

L'EMPEREUR. Oui, et qui viennent de quelqu'un de votre connaissance. Approchez, monsieur de Mégrigny.

BERTAUD. Emmanuel!

EMMANUEL. Mon cher oncle!

L'EMPEREUR. Voyons, embrassez-vous.

BERTAUD. Votre Majesté ne daigne pas entrer dans ma maison?

L'EMPEREUR. Merci, nous partons (*on enlève la table*) dans dix minutes; il faut sauver Troyes, nous laisserons une arrière-garde ici, nous traverserons la forêt de Der avec de bons guides... à Brienne nous retrouverons la chaussée... Messieurs, vous entendez, dans dix minutes nous marchons sur Brienne, à travers la forêt de Der; que tous les ordres soient donnés en conséquence. (*Roulement.*) Qu'est-ce que c'est que cela?

BERTAUD. Sire, c'est le convoi du pauvre Michelin, un vieux soldat, Sire.

SCENE XIV.

LES MÊMES, *le corps de* MICHELIN, *porté par les* QUATRE PLUS VIEUX GRENADIERS. *Il a son habit de la guerre de Sept Ans, son chapeau et son sabre sur ses pieds; les tambours battent, les soldats renversent les armes.*

CATHERINE, *accourant un drapeau à la main.* Tiens, frère, voilà pour faire des langes au petit.

FORTUNÉ. Tu te trompes, Catherine; c'est pour faire un linceul au père. (*Il jette le drapeau sur le corps du vieillard, le convoi passe, l'Empereur se découvre.*) — Tableau.

Deuxième Tableau.

LA FERME DES GRENAUX.

Une pièce de la ferme, dont les murs sont crénelés.

SCENE PREMIERE.

BASTIEN, BRISQUET, LES PAYSANS, LES GARÇONS DE FERME.

BASTIEN. Allons, allons, mes enfants, il ne s'agit pas de se faire tuer inutilement. C'est l'armée prussienne tout entière, la bouchée est trop grosse pour nous; disparaissez dans la cave, mettez les fusils dans la cachette, filez par la sortie, et chacun à sa besogne. Les uns à la charrue, les autres aux semailles, les autres à la grange, et si ces gueux-là nous donnent notre belle, eh ben, on verra.

BRISQUET. Mais vous, père Bastien?

BASTIEN. Oh! moi, n'ayez pas peur. Je les attends; je suis le maître de la maison, il faut bien que je leur en fasse les honneurs. Allez, mais allez donc.

BRISQUET. Les Prussiens, ça me connaît,

je les ai vus à Saint-Dizier, j'aime mieux ne pas les voir, ils sont trop laids.

BASTIEN. Bon, on est prêt. (*Il se couche sur deux bottes de paille qu'il a étendues et fait semblant de dormir.*)

BRISQUET. Et moi, et moi, père Bastien?

BASTIEN. Veux-tu me laisser dormir, Brisquet! (*Il ronfle.*)

SCÈNE II.

BASTIEN, BRISQUET, LE GAMIN, BLUCKER, LES PRUSSIENS, UN SOLDAT; *ils se présentent à la porte la baïonnette en avant.*

BRISQUET. Oh! messieurs les Prussiens, ne me faites pas de mal.

BLUCKER. Y a-t-il quelqu'un?

LE GAMIN. Tenez, là, il y a le père Bastien, tenez, là, qui dort.

BLUCKER. Réveillez-le.

LE SOLDAT, *le secouant*. Il ne veut pas se réveiller. Je vais le chatouiller avec la pointe de ma baïonnette.

BASTIEN, *à qui l'on pique le derrière*. Hein?

BLUCKER. Il paraît que nous avons enfin trouvé à qui parler. Que deviennent donc ces diables de paysans? il faut qu'ils se terrent comme des renards. Réponds au maréchal Blucker!

BASTIEN. Au maréchal Blucker?

BRISQUET. Tiens, c'est le nom du cheval à Thomas, qui est méchant comme un âne.

BASTIEN. Bien de l'honneur.

BLUCKER. Nous ne voulons pas te faire de mal, nous voulons seulement avoir quelques renseignements.

BASTIEN. Quelques renseignements? bien de l'honneur, mon général, je suis prêt à vous les donner.

BLUCKER. Où sommes-nous? et comment s'appelle cette ferme?

BASTIEN. Ici?

BLUCKER. Oui, ici.

BASTIEN. Allons donc! vous vous gaussez de moi, vous savez bien où vous êtes.

BLUCKER. Si je le savais, je ne te le demanderais pas, imbécile.

BASTIEN. Bien de l'honneur, mon général. Eh bien, vous êtes à Montmirail, quoi. Et cette ferme s'appelle la ferme des Grenaux; voyez-vous, voilà pourquoi, c'est parce que le maître de la ferme, le bourgeois, il s'appelle monsieur Paré.

BLUCKER. Mais quel rapport cela a-t-il, monsieur Paré? Et pourquoi cette ferme s'appelle-t-elle la ferme des Grenaux?

BASTIEN. Parce que c'est son nom.

BLUCKER. Il n'y a rien à tirer de ce drôle.

BASTIEN. Bien de l'honneur, mon général.

BLUCKER. Voyons, y a-t-il quelque chose à manger dans ta ferme des Grenaux?

BASTIEN. Ah! oui, dame! il y a sur le feu un haricot de mouton qui attend depuis trois jours.

LE GAMIN. Il doit être mitonné.

BLUCKER. Comment, depuis trois jours?

BASTIEN. Ah! oui, parce que depuis trois jours, on dit comme cela : Voilà les Prussiens! voilà les Prussiens! Alors j'ai dit : Eh bien, mais si voilà les Prussiens, il faut leur préparer à manger, et comme j'aime le haricot de mouton, je vous ai fait du haricot de mouton.

LE GAMIN. Canaille de flatteur, va!

BASTIEN. N'en voulez-vous point?

BLUCKER. Si fait, va chercher ton haricot de mouton.

BASTIEN, *sort avec le Gamin*. Bien de l'honneur, mon général.

LE GAMIN. Il sera poivré, celui-là.

SCÈNE III.

LES MÊMES, *moins* BASTIEN.

BLUCKER. Au reste, Messieurs, vous savez que c'est une halte seulement que nous faisons ici... Il s'agit d'être les premiers à Paris; on dit que le général York est à Château-Thierry, que le général Sacken est à la Ferté; nous sommes en retard.

BASTIEN, *rentrant*. Eh! non, vous n'êtes pas en retard pour dîner, il n'est que deux heures.

BLUCKER. Ce n'est pas pour dîner que nous sommes en retard, c'est pour arriver à Paris.

BASTIEN. A Paris? vous allez donc à Paris, vous?

BLUCKER. Certainement.

BRISQUET. Et que moi aussi, j'irai.

BLUCKER. Combien de lieues encore, d'ici à Paris?

BASTIEN. Vous me faites honneur, mon général, il y en a vingt-trois.

BLUCKER. Dites donc, l'ami, la ferme est crénelée. (*A Bastien, montrant les meurtrières.*) Qu'est-ce que c'est que cela?

BASTIEN. Sauf votre respect, mon général, c'est un trou.

BLUCKER. Oui, mais, qui a fait ce trou-là?

BASTIET. Ce sont les Français, mon général.

BRISQUET. Mouchard, va!

BASTIEN. Ils sont passés et ils disaient

comme cela : Voilà une bonne position, faut la défendre ; alors ils se sont mis à faire des trous, mais je leur ai dit : Vous détériorer les murailles. Alors ils m'ont envoyé très-loin.

BLUCKER. Eh bien, que leur as-tu dit ?

BASTIEN. Je leur ai dit : Vous me faites honneur, et j'y suis allé.

BLUCKER. Décidément cet homme est idiot. A table, messieurs, à table.

LE GAMIN, à Bastien. Ah çà, pourquoi donc aller lui dire ?...

BASTIEN. Laisse donc, je les fourre dedans.

BRISQUET. Comment ?.. (*Bastien lui parle à l'oreille.*) Enfoncé le cheval à Thomas.

UN AIDE DE CAMP, *entrant.* Le feld-maréchal.

BLUCKER. Venez, monsieur. Eh bien, quelles nouvelles de cette canonnade d'hier ?

L'AIDE DE CAMP. Monseigneur, il paraît qu'il y a eu un rude combat.

BLUKER. Où cela ?

L'AIDE DE CAMP. Du côté de Champaubert.

BLUCKER. Avec quelque colonne française égarée.

L'AIDE DE CAMP. Non, votre excellence, avec un corps d'armée tout entier.

BLUCKER. Commandé par Raguse, Trévise, Tarente.

L'AIDE. Non, excellence; commandé par Napoléon en personne.

BLUCKER. Par Napoléon ? Il est à Brienne, Monsieur.

L'AIDE DE CAMP. Je crains que votre excellence ne soit dans l'erreur. Il paraît que l'Empereur est arrivé hier par la route de Nogent à Sézanne.

BLUCKER. J'ai fait tâter cette route, elle est impraticable.

L'AIDE DE CAMP. Pas pour lui, Monseigneur.

BLUCKER. Eh bien, il a rencontré le général Alsufief.

L'AIDE DE CAMP. Oui, Monseigneur, et il paraîtrait même qu'il l'a battu.

BLUCKER. Que diable dites-vous là, Monsieur ?

L'AIDE DE CAMP. C'est ce que viennent de nous apprendre les fuyards.

BLUCKER, *se levant de table.* Les fuyards ? Et Alsufief, qu'est-il devenu ?

L'AIDE DE CAMP. Il est pris, Monseigneur.

BLUCKER. Comment, pris ?

L'AIDE DE CAMP. Avec les deux généraux qui commandaient sous ses ordres. Une cinquantaine d'officiers et dix-huit cents hommes.

BLUKER. Monsieur, Monsieur, c'est impossible. (*Fusillade.*) Qu'y a-t-il? Les Français débouchent par la route de Champaubert.

L'AIDE DE CAMP. Qu'avais-je l'honneur de dire à votre excellence ?

BLUKER. Comment ils auraient l'audace de nous attaquer, qu'est-ce que cela ? Les avant-postes qui se remontrent ? Aux armes, messieurs, aux armes !...

SCENE IV.

LES PRUSSIENS *se barricadant.*

On entend la charge, la bataille commence, les Prussiens font feu de l'intérieur de la maison, les boulets trouent les murailles, les blessés se couchent, les morts tombent les uns sur les autres. Tout à coup des canons de fusil passent à travers le plancher. Les Prussiens sont attaqués en dedans, en dehors, à la cour, la ferme s'écroule.

Troisième Tableau.

On aperçoit la bataille entamée sur tous les points, le fond disparaît dans la fumée, le soleil se couche. Les Français s'emparent du champ de bataille sur lequel la lune se lève. L'empereur paraît, il est reçu au milieu des débris de la ferme par les paysans.

L'EMPEREUR. C'est bien, mes amis, c'est bien ; vous êtes de nobles cœurs, de braves Français ; que chacun en fasse autant que vous, et la terre de la France les dévorera tous jusqu'au dernier. Berthier !

BERTHIER. Sire ?

L'EMPEREUR. Faites partir à l'instant même un homme pour Châtillon, et qu'il prévienne Caulincourt que j'ai battu hier les Russes à Champaubert, que j'ai battu aujourd'hui les Prussiens à Montmirail et que dans trois jours je battrai les Autrichiens à Montereau. Enlevez les morts, Messieurs ; je couche ici.

TOUS. Vive l'Empereur !

ACTE DEUXIÈME.

Quatrième Tableau.

26 ET 27 FÉVRIER.

Un bivouac aux environs de Mery-au-Bac. (Il fait nuit) On voit la tente de l'Empereur: une lampe est sur un guéridon. Le lit en fer est posé dans la tente.

SCÈNE PREMIÈRE.

BERTAUD, FORTUNÉ, LORRAIN, CATHERINE, *les Officiers chargés du campement, les Personnes de la Maison de l'Empereur, les têtes de colonne.*

BERTAUD. Vous dites donc que l'Empereur est allé faire une reconnaissance?

L'OFFICIER. Oui, colonel, du côté de Pont-sur-Seine.

BERTAUD. Mes enfants! c'est ici que nous campons.

FORTUNÉ. Eh bien, il y a amélioration; cette nuit nous n'aurons de l'eau que jusqu'à la cheville.

LORRAIN. Est-ce que tes souliers prennent l'eau?

FORTUNÉ. Oui, par le col de ma chemise. Récapitulons: En Égypte, rôtis! en Russie, gelés! en France, noyés! Il serait difficile de dire lequel de ces trois trépas est le plus agréable. Donne à boire au moutard, Catherine.

CATHERINE. Il n'a pas soif.

FORTUNÉ, *buvant à la gourde.* On a toujours soif; une goutte au marmot.

CATHERINE. Mais non, mais non, ça lui ferait mal.

FORTUNÉ. De l'eau-de-vie, jamais! (*A l'enfant.*) Baisez mon oncle.

L'ENFANT, *pleurant.* Ouais!...

CATHERINE. Ne lui fais donc pas de mal, voyons.

LORRAIN. Ah çà, mais je croyais que tu voulais le jeter dans la Marne, ce citoyen-là?..

FORTUNÉ. C'est vrai, mais c'était du temps qu'il n'était pas encore baptisé du nom de Napoléon-Michelin et qu'il n'était pas reconnu par le régiment. Aujourd'hui il est reconnu, légitimé, décoré par S. M. l'Empereur du grand cordon jaune et noir; c'est autre chose.

LORRAIN. Tiens! en effet, qu'est-ce que c'est que cela?

FORTUNÉ. La cravate du drapeau autrichien que sa mère a pris au combat de Montier-en-Der, où elle a fait ses premières armes; cette cravate-là l'Empereur la lui a nouée de ses propres mains autour du cou, et à son tour elle en a décoré son marmot. Ça vaut bien le cordon bleu qu'on mettait sur le ventre des princes quand ils venaient au monde, il me semble. Du moins c'est ma façon de penser.

BERTAUD. L'Empereur! Messieurs! l'Empereur!

SCÈNE II.

LES MÊMES, L'EMPEREUR, *à cheval*, TROIS OU QUATRE OFFICIERS SUPÉRIEURS, *à cheval autour de lui.*

L'EMPEREUR. A-t-on des nouvelles de la canonnade que l'on a entendue toute la journée, du côté de Méry-sur-Seine?

BERTAUD. Le premier officier d'ordonnance de Sa Majesté est allé aux renseignements, Sire.

MICHEL, *dans la coulisse.* Où est l'Empereur? où est l'Empereur?

L'EMPEREUR. Par ici, Monsieur, par ici.

SCÈNE III.

LES MÊMES, LE GÉNÉRAL MICHEL.

L'EMPEREUR. Ah! c'est vous, Michel? (*Aux soldats.*) Eloignez-vous. Eh bien, qu'y a-t-il?

MICHEL. De grandes nouvelles, Sire.

L'EMPEREUR. Bonnes ou mauvaises, Monsieur.

MICHEL. L'Empereur en jugera. Ce n'est pas seulement un détachement de l'armée de Silésie que le général Boyer et sa garde viennent de rencontrer à Méry, comme Votre Majesté l'a pu croire, c'est toute une armée.

L'EMPEREUR. Et laquelle donc?

MICHEL. Celle de Blücker.

L'EMPEREUR. Vous vous trompez, Monsieur; l'armée de Blücker n'existe plus, je l'ai détruite à Champaubert, à Montmirail, Château-Thierry et à Vauchamps. Vous êtes sûr de ce que vous dites, Monsieur?

LE GÉNÉRAL. Je tiens ces renseignements des prisonniers faits aujourd'hui à Méry par le général Boyer, Sire; les cosaques inondent la plaine et j'ai eu toutes les peines du monde à leur échapper; je trouve même que Votre Majesté est assez mal gardée du côté de la Seine.

L'EMPEREUR. Croyez-vous que ces misérables auraient l'audace de venir m'attaquer jusque dans mon camp? Vous leur faites trop d'honneur, Monsieur, ce sont des oiseaux de proie de la race des corbeaux et des vautours; ils ne s'ébattent que sur les morts. Mais revenons à Blücker. Vous dites?

LE GÉNÉRAL. Je dis, Sire, qu'il a campé le 23 au confluent de l'Aube et de la Seine avec cinquante mille hommes; que là, il a encore reçu un renfort de neuf mille hommes appartenant au corps du général Langeron; c'est donc soixante mille hommes que Votre Majesté a devant elle, et non trente ou quarante mille.

L'EMPEREUR. Et vous croyez que Blücker en personne était à Méry-sur-Seine?

LE GÉNÉRAL. Il y était si bien, Sire, qu'il y a été blessé à la jambe, et que... (*On entend un grand bruit; quelques coups de fusil et de pistolet; puis, les cris : Les cosaques.*)

L'EMPEREUR. Les cosaques!... (*Il s'élance vivement hors de sa tente; au même moment le théâtre est envahi par une nuée de cosaques. L'Empereur est enveloppé et disparaît au milieu des chevaux; un cosaque va le percer de sa lance, lorsque Bertaud tue le cosaque d'un coup d'épée. Lutte et confusion d'un instant; Bertaud reçoit un coup de lance dans la poitrine. Soldats et généraux font le coup de feu. Les cosaques sont chassés; mais il y a un moment de stupeur parmi tous ces hommes, en voyant que des maraudeurs ont eu l'audace de pénétrer au milieu d'un campement français et jusqu'à la tente de l'Empereur.*)

L'EMPEREUR, *au Général*. C'est bien, Monsieur; allez prendre deux heures de repos et soyez prêt à partir pour Paris dans deux heures. (*A Bertaud*.) Merci, Bertaud, merci, mon brave colonel; sans toi, ma foi, je crois que la guerre était terminée du coup. Vous me direz ce que vous désirez, Bertaud, et s'il est en mon pouvoir d'exaucer votre désir, ce que vous demanderez vous est accordé d'avance, au nom de ma femme et de mon enfant.

BERTAUD, *chancelant*. Sire?..

L'EMPEREUR. Eh bien, qu'as-tu?

BERTAUD. Je crois que je suis blessé, Sire.

L'EMPEREUR. Un chirurgien, Messieurs, un chirurgien; le colonel Bertaud est blessé.

EMMANUEL, *s'élançant*. Vous êtes blessé, colonel?

L'EMPEREUR. Dans ma tente, M. de Megrigny. Messieurs, c'est inutile, je crois de vous recommander de faire bonne garde; vous venez de voir que ce n'est pas une précaution exagérée. Vous savez que j'attends le duc de Vicence qui doit arriver cette nuit de Châtillon; on le conduira tout de suite près de moi; au reste, laissez approcher tous les porteurs de nouvelles. (*Il rentre sous sa tente; à Emmanuel.*) Eh bien, monsieur?

EMMANUEL. Heureusement, Sire, que le fer de la lance a rencontré un médaillon que le colonel porte sur sa poitrine, et qui, dans une double boîte, renferme le portrait de sa femme et des cheveux de ses deux enfants; le médaillon est faussé, mais il a fait dévier le fer, qui n'a pénétré que de biais; la blessure n'offre donc aucun danger, Sire.

L'EMPEREUR. N'importe! Bertaud, vous coucherez là, près de moi, sous ma tente; on vous jettera un matelas à terre, vous serez toujours mieux qu'au bivouac... Vous entendez, Roustan?

(*Les soldats forment les faisceaux; on prépare le lit de Bertaud.*)

UN OFFICIER. Sire, le duc de Vicence vient d'arriver aux avant-postes.

L'EMPEREUR. Qu'il vienne, qu'il vienne, je l'attends.

L'OFFICIER. Il me suit, Sire.

SCÈNE IV.

LES MÊMES, LE DUC DE VICENCE.

L'EMPEREUR. Ah! venez, venez, Caulaincourt! vous arrivez de Châtillon?

LE DUC. Oui, Sire.

L'EMPEREUR. Eh bien, j'espère que mes victoires de Champaubert, de Montmirail, de Château-Thierry et de Vauchamps ont un peu diminué les exigences du congrès et qu'on m'accorde la rive gauche du Rhin et l'Italie.

LE DUC. Sire, en effet, cette glorieuse semaine qui nous a apporté trois bulletins de victoires en six jours a eu son retentissement jusqu'à Châtillon.

L'EMPEREUR. Alors, vous m'apportez des conditions meilleures, mon cher duc.

LE DUC. Sire, s'il n'y avait que la Russie...

L'EMPEREUR. Eh bien?

LE DUC. Mais il y a l'Angleterre, la Prusse et l'Autriche.

L'EMPEREUR, *plus impatient*. Eh bien?

LE DUC. L'Angleterre ne vous cédera jamais Anvers, la Prusse ne vous cédera jamais Coblentz, l'Autriche ne vous cédera jamais Milan.

L'EMPEREUR, *plus impatient encore*. Eh bien?

LE DUC. Eh bien, Sire, les souverains alliés disconviennent des bases arrêtées à Francfort, et si Votre Majesté désire obtenir la paix...

L'EMPEREUR. Certainement, Monsieur, je le désire; je dirai plus, je le veux.

LE DUC. Sire, on exige que la France rentre dans ses anciennes limites.

L'EMPEREUR. Dans ses anciennes limites! et c'est vous, Caulaincourt, vous dont le cœur est si essentiellement français, qui venez me faire de pareilles propositions?

LE DUC. Sire, c'est justement parce que j'ai le cœur français que non-seulement je fais ces propositions à Votre Majesté, mais encore que je les appuie.

L'EMPEREUR. Mais vous êtes donc devenus tous insensés! Quoi! vous voulez que je signe un pareil traité? avez-vous oublié le serment que j'ai prononcé en prenant la couronne : Je jure de maintenir l'intégrité du territoire de la République et de gouverner dans la seule vue du bonheur et de la gloire du peuple français.

LE DUC. Sire, le bonheur d'un peuple passe avant sa gloire; d'ailleurs le peuple français, grâce à Votre Majesté, est le plus glorieux des peuples; donnez-lui la paix, Sire, et vous lui aurez tout donné.

L'EMPEREUR. Mais, duc, vous oubliez mes ressources. La France était moins puissante, moins forte, moins riche, moins féconde en 1792, quand les levées en masse délivrèrent la Champagne; en l'an VII, quand la bataille de Zurich arrêta l'invasion de toute l'Europe; en l'an VIII, quand la bataille de Marengo sauva la patrie.

LE DUC. Oui, Sire, c'est vrai, mais elle possédait alors ce qu'elle a perdu depuis, l'enthousiasme. A cette époque, elle se battait pour la liberté.

L'EMPEREUR. Et pourquoi se bat-elle donc aujourd'hui, Monsieur? que suis-je donc moi sinon la liberté européenne? Quand j'ai pris la France toute fiévreuse de sa révolution, elle était tellement en avant comme principes et comme faits des autres peuples, qu'elle avait dérangé l'équilibre européen. Il fallait un Alexandre à ce Bucéphale, un Androclès à ce lion; qu'ai-je fait alors? j'ai choisi ce qu'il y avait de plus noble, de plus brave, de plus intelligent en France et je l'ai répandu en Europe. Partout où j'ai été j'ai semé la liberté au vent, comme un semeur fait du blé. Qu'ils attendent un an, deux ans, dix ans et ils la verront pousser tout armée, dans chaque sillon creusé par mes boulets. Que les souverains alliés veulent me faire faire une chute, je le comprends, car j'ai proclamé le dogme le plus saint qu'ait émis une bouche humaine, j'ai proclamé l'égalité.

LE DUC. Sire, il me semble qu'avant Votre Majesté, la Convention...

L'EMPEREUR. Oui, monsieur, mais savez-vous la différence qui existe entre nous? c'est que la Convention avait proclamé l'égalité qui abaisse, et que j'ai proclamé, moi, l'égalité qui élève. Savez-vous pourquoi son œuvre sera ballottée dans le doute de la postérité pendant les siècles à venir, tandis que la mienne sera bénie, quoique nous ayons tous deux concouru à la même œuvre? c'est qu'il a abaissé les grands au niveau de l'échafaud et que j'ai élevé les petits au niveau du trône. Allez, allez, monsieur, je suis encore plus fort que l'on ne croit. On me prend tout simplement pour un homme, pour un roi, pour un empereur; je suis mieux que tout cela, monsieur, je suis un peuple !...

LE DUC. Sire, la France croira que vous avez tout fait pour votre ambition et rien pour elle.

L'EMPEREUR. La vérité est comme le soleil : l'hiver peut l'obscurcir, le cacher même, mais la postérité a son printemps, et une fois venu ce printemps est éternel! Eh bien, en mourant je léguerai mon corps à la tombe, mon âme à Dieu et ma mémoire à la postérité. D'ailleurs, monsieur, j'ai un moyen sûr pour que la postérité ne m'accuse pas d'égoïsme; c'est, si la France tombe, de tomber avec elle; c'est, si elle meurt, de ne pas lui survivre.

LE DUC. Sire, ne se fait pas tuer qui veut; vous l'avez bien vu à Montereau et à Arcis-sur-Aube.

L'EMPEREUR. On n'est pas toujours sûr de se faire tuer, c'est vrai, mais on est toujours sûr de mourir. On ne trouve pas toujours un boulet de canon comme Turenne ou comme Berwick, mais on trouve toujours un pistolet comme Beaurepaire.

LE DUC. Alors Votre Majesté refuse les conditions des souverains alliés?

L'EMPEREUR. Je les refuse. Retournez près d'eux, monsieur, dites-leur que des revers inouïs ont pu m'arracher la promesse de renoncer aux conquêtes que j'ai faites; mais que j'abandonne aussi celles qui ont été faites avant moi, que je viole le dépôt qui a été remis à la garde de mon honneur, que pour prix de tant d'efforts, de sang et de victoires, je laisse la France plus petite que je ne l'ai trouvée : Dieu me préserve de tels affronts ! Je rejette le traité; c'est une mauvaise paix que vous m'offrez là, monsieur le duc.

LE DUC. La paix sera toujours assez bonne, Sire, si elle est assez prompte.

L'EMPEREUR. Elle sera toujours trop prompte, monsieur, si elle est honteuse. Allez, monsieur, prenez un peu de repos et repartez.

LE DUC. Prendrai-je avant de partir les ordres de l'Empereur?

L'EMPEREUR. Si je veux vous voir, je vous le ferai dire. Allez.

SCENE V.

L'EMPEREUR, BERTAUD, *couché*, EMMANUEL.

L'EMPEREUR. Monsieur de Mégrigny?

EMMANUEL, *descendant*. Sire.

L'EMPEREUR, *sur son lit de camp*. Êtes-vous bon chimiste, monsieur?

EMMANUEL. Sire, c'est la science à laquelle je me suis adonné le plus spécialement.

L'EMPEREUR. Jurez-moi sur l'honneur,

Monsieur, d'exécuter fidèlement les ordres que je vais vous donner.

EMMANUEL. Sur l'honneur, je le jure.

L'EMPEREUR. Vous avez vu ce qui est arrivé tout à l'heure, sans votre oncle j'étais prisonnier. Vous avez entendu ce qu'a dit Caulaincourt; dans la lutte que j'entreprends je puis succomber. Je veux être en tous cas et en tout temps sûr de ma mort. Napoléon ne doit pas survivre à Napoléon. L'Empereur ne peut pas être un trophée aux mains des Cosaques. Vous allez me préparer un poison sûr, un dernier ami sur lequel je puisse compter, qui remplace pour moi l'esclave antique qui tenait l'épée sur laquelle se jetait le général vaincu.

EMMANUEL. Oh! Sire, qu'exigez-vous de moi?.

L'EMPEREUR. Le même service qu'Annibal a exigé de son médecin, la veille de la bataille de Zama. Comme Annibal j'ai traversé les Alpes; comme Annibal j'ai eu ma bataille de Trébia, de Cannes et de Trasymène; comme Annibal je puis être trahi par le sénat; comme Annibal je veux porter la mort à mon doigt.

EMMANUEL. Sire, ne pourriez-vous charger quelque autre de ce terrible honneur?

L'EMPEREUR. Non, car vous êtes jeune, vous, Monsieur, et par conséquent incapable de trahir.

EMMANUEL. O mon Dieu, que dois-je faire?

BERTAUD, *de son lit*. Obéir, Emmanuel.

EMMANUEL. Sire, je suis à vos ordres.

L'EMPEREUR. Voici deux bagues, Monsieur, que j'avais fait faire dans ce but; vous voyez que ce n'est pas d'aujourd'hui que ma résolution est arrêtée. En avez-vous pour longtemps à achever vos préparations?

EMMANUEL. Sire, en moins de dix minutes.....

L'EMPEREUR. Allez à l'ambulance et prenez dans la pharmacie ce dont vous avez besoin. Je vous attends.

EMMANUEL. Votre Majesté me renouvelle formellement l'ordre qu'elle m'a donné?

L'EMPEREUR. Formellement, Monsieur; allez.

SCÈNE VI.

L'EMPEREUR, BERTAUD, OFFICIERS D'ORDONNANCE.

L'EMPEREUR, *aux Officiers d'ordonnance*. N'est-il venu personne pendant ma conversation avec le duc de Vicence?

UN OFFICIER. Trois courriers sont arrivés, Sire, et dont voici les dépêches.

L'EMPEREUR, *prenant les dépêches et décachetant la première*. D'Italie... Comment! Eugène ne peut m'envoyer les 20,000 hommes que je lui ai demandés... Murat s'est déclaré contre moi?.. (*Ouvrant la seconde dépêche*.) D'Augereau! Il a remonté la Saône, il s'est porté sur Vesoul, c'est de cette ville qu'il m'écrit.

L'OFFICIER. Lisez, Sire.

L'EMPEREUR. Comment! il s'est amusé à guerroyer avec Rubna, à le renfermer dans Genève; il a son quartier-général à Lons-le-Saulnier, c'est de Lons-le-Saulnier qu'il m'écrit! Mais il va livrer le passage de la Saône.

L'OFFICIER. Hélas! Sire, c'est fait.

L'EMPEREUR. Oh! le malheureux! il a manqué l'occasion de sauver la France! Le maréchal Suchet partira à l'instant même pour prendre le commandement de Lyon, Berthier lui remettra mes ordres. (*Ouvrant la troisième dépêche*.) Trévise! De Château-Thierry? Et pourquoi pas de Soissons?

L'OFFICIER. En débouchant sur la vallée de l'Aisne, il a trouvé Soissons pris.

L'EMPEREUR. Pris! Soissons pris! Rusca m'a laissé prendre Soissons?

LE COURRIER. Sire, le premier boulet tiré par l'ennemi l'a coupé en deux.

L'EMPEREUR. Oh! en vérité, c'est plus que du malheur, c'est de la fatalité! Partout où je suis, victoire! partout où je ne suis pas, défaite! Il me faudrait les trois têtes de Géryon, les cent bras de Briarée, de Brienne à Troyes, de Troyes à Champaubert, de Champaubert à Montmirail, de Montmirail à Château-Thierry, de Vauchamps à Montereau; mais je me fatiguerai, moi aussi, à tous ces bonds de tigre. Messieurs, donnez des ordres afin que l'on réunisse autour de moi le plus de troupes possible; faites venir tout ce qu'il y a d'hommes à Sézanne, à Villenove, à Marigny. Il faut que j'en finisse demain avec Blücker; laissez-moi, messieurs, laissez-moi; j'ai besoin d'être seul. (*Tout le monde se retire, excepté Bertaud.*)

SCÈNE VII.

L'EMPEREUR, BERTAUD, EMMANUEL.

L'EMPEREUR. Oui, je me lasserai. La puissance humaine a des limites. Un jour la force m'abandonnera. Ce sera cette fois la trahison de la nature, la dernière, la plus terrible des trahisons. Oh! le proverbe arabe : « Mieux vaut être assis que debout, mieux vaut être couché qu'assis, mieux vaut être mort que couché. » (*Se couchant sur son lit de camp.*) Le fait est qu'on doit être bien dans la tombe, on a le repos, et c'est si bon le repos.

EMMANUEL. Sire!

L'EMPEREUR. Ah! je ne me croyais pas un si puissant enchanteur; j'invoque la mort et la voilà.

EMMANUEL. Sire, voici ce que Votre Majesté m'a demandé.

L'EMPEREUR. Quel est ce poison?

EMMANUEL. Une concentration d'opium.

L'EMPEREUR. En combien de temps cela me tuera-t-il?

EMMANUEL. En cinq minutes.

L'EMPEREUR. C'est long. Monsieur, vous êtes chirurgien-major.

EMMANUEL. Merci, Sire; mais je l'avoue à Votre Majesté, je voudrais devoir mon grade à un moins triste service.

L'EMPEREUR. Vous avez tort, Monsieur; c'est le plus grand peut-être de ceux qu'on m'aura rendus.

BERTAUD *s'est levé et est allé au chevet de l'Empereur.* Sire!

L'EMPEREUR. Que veux-tu, mon vieil ami?

BERTAUD. Sire, il y a une heure à peu près que Votre Majesté m'a dit: « Vous me direz ce que vous désirez, Bertaud, et s'il est en mon pouvoir d'exaucer votre désir, ce que vous demanderez vous est accordé d'avance au nom de ma femme et de mon enfant. »

L'EMPEREUR. C'est vrai, j'ai dit cela; eh bien! que désires-tu, Bertaud?

BERTAUD. Je désire que Votre Majesté me donne une des deux bagues qu'elle porte à son doigt, c'est-à-dire la moitié du poison que lui a préparé Emmanuel.

L'EMPEREUR. Pourquoi faire?

BERTAUD. Pour mourir le jour où l'Empereur mourra.

L'EMPEREUR. Bertaud, vous avez un fils; Bertaud, vous avez une fille.

BERTAUD. Tous deux sont riches, grâce aux bienfaits de Votre Majesté, tous deux peuvent donc se passer de moi.

L'EMPEREUR. Bertaud, vous êtes fou.

BERTAUD. Sire, Votre Majesté est libre de me refuser ce poison, mais comme elle l'a dit tout à l'heure, on a toujours sous la main le pistolet de Beaurepaire. *(Il va se rejeter sur son lit.)*

L'EMPEREUR. Il le ferait comme il le dit; allons, voilà qui console.

SCÈNE IX.
LES MÊMES, LE GÉNÉRAL MICHEL.

L'EMPEREUR. Eh bien?

MICHEL. Sire, la gravité de la nouvelle que j'ai à apprendre à Votre Majesté excusera ma présence.

L'EMPEREUR. Parlez, Monsieur.

MICHEL. Sire, Blücker et ses soixante mille hommes ne sont plus devant nous; ce que nous croyions son armée, n'est qu'un rideau placé pour cacher son mouvement. Blücker est parti hier à six heures, et marche sur Paris.

L'EMPEREUR. Sur Paris!

MICHEL. Oui, Sire, par Nogent et Provins. Il a maintenant dix heures d'avance sur votre majesté; dans trois jours il peut être devant Paris.

L'EMPEREUR, *se jetant à bas du lit.* Caulaincourt, qu'on appelle Caulaincourt... Toute l'armée sur pied, nous partons dans dix minutes... Ah! Caulaincourt, c'est vous! venez; vous retournez à Châtillon.

CAULAINCOURT. Mes pouvoirs, Sire?

L'EMPEREUR. Vous avez carte blanche, Monsieur. Sauvez l'honneur de la France, voilà tout ce que je demande.

CAULAINCOURT. Mais pour vous, Sire, que demanderai-je, qu'exigerai-je?

L'EMPEREUR. Rien! Napoléon ne dépendra jamais que de Napoléon. Allez.

SCÈNE X.
LES MÊMES, L'EMPEREUR.

L'EMPEREUR. Et maintenant à Joseph.

« Mon frère, conformément aux instructions verbales que je vous ai données et à l'esprit de toutes nos lettres, vous ne devez permettre en aucun cas que l'impératrice et le roi de Rome tombent entre les mains de l'ennemi. Vous serez plusieurs jours sans avoir de mes nouvelles; si l'ennemi s'avance sur Paris avec des forces telles que toute résistance devienne inutile, faites partir dans la direction de la Loire, la régente, mon fils, les grands dignitaires, les ministres, les officiers de la couronne et le trésor. Ne quittez pas mon fils et rappelez-vous que je préférerais le savoir dans la Seine, plutôt qu'entre les mains des ennemis de la France. Le sort d'Astyanax prisonnier m'a toujours paru le plus malheureux de l'histoire.

NAPOLÉON. »

Mais qui portera cette lettre, en qui pourrais-je avoir une confiance si entière? Ah! Bertaud, mon ami.

BERTAUD. Sire!

L'EMPEREUR. Bertaud, tout blessé que tu es, il faut à l'instant même partir pour Paris, remettre cette lettre à mon frère Joseph; entends-tu, à lui, et pas à un autre. Bertaud, cette fois, c'est plus que ma vie qu'il faut sauver; c'est celle de ma femme et de mon fils. Pars, pars, mon ami, tandis que les communications par Villenove et Coulommiers sont libres encore. Pars; mais qu'attends-tu donc, dis?

BERTAUD. Sire, j'attends la bague.

L'EMPEREUR. Eh bien, donc, prends, entêté. (*Il la lui donne. A Emmanuel.*) Suivez votre oncle, Monsieur; vous me répondez de sa vie... A cheval, messieurs, à cheval.

Cinquième Tableau.

L'ÉCOLE POLYTECHNIQUE.

SCÈNE PREMIÈRE.

LE MAJOR, HENRI, LÉON, ARTHUR.

(*La cour; au lever du rideau les élèves s'exercent au maniement du fusil et à l'exercice du canon.*)

LE MAJOR, *commandant l'exercice.* Canonniers, à vos pièces.... marche.... halte... front.... en action.... chargez.... rompez les rangs.

En rangeant les pièces, Henri laisse retomber l'affût de l'une d'elles sur le pied d'Arthur.)

ARTHUR. Ah! maladroit, va!

HENRI. Comment, maladroit?

ARTHUR. Tu ne vois donc pas que tu m'as mis ton affût sur le pied?

HENRI. Tiens, pourquoi mets-tu ton pied sous mon affût?

ARTHUR. Pourquoi! pourquoi!

HENRI. Ah! tu es bien douillet, cher ami; il faudra te corriger de cela ici, vois-tu.

ARTHUR. J'ai bien envie de te corriger d'autre chose, moi, dis donc.

HENRI. Et de quoi?

ARTHUR. De ce ton goguenard que tu prends, et qui me déplaît, monsieur de la seconde année.

HENRI. Eh bien, si mon ton te déplaît, il faut le dire.

ARTHUR. Eh bien, je te le dis.

HENRI. Après?

ARTHUR. Je te le répète.

HENRI. Ça durera-t-il longtemps comme cela?

ARTHUR. Le temps de mettre un compas au bout d'une mèche.

HENRI. Qui est-ce qui a un compas, vous autres? voilà monsieur qui veut que je lui prenne sa mesure.

LÉON, *de l'école.* Eh bien, qu'est-ce que c'est là-bas? on se dispute.

ARTHUR. Oh! ce n'est rien, une leçon de mathématiques.

LÉON. Ah çà, voyons, y pensez-vous? Henri, Henri!

HENRI. Ce n'est pas moi qui ai cherché dispute, c'est monsieur qui se fâche sous prétexte qu'on lui a écrasé le pied avec un affût, et que la pièce de quatre ne veut pas lui faire ses excuses.

LÉON. Allons, allons, la paix, à bas les compas.

ARTHUR. Tu vas me faire le plaisir de te ranger, n'est-ce pas?

LÉON. Voyons, Henri, toi qui es le plus raisonnable.

HENRI. Moi, je ne lui en veux pas.

ARTHUR. Ah! nous ne sommes donc pas si méchant que nous en avons l'air, monsieur le vétéran.

HENRI. Dis donc, dis donc, est-ce que tu crois que je recule, par hasard?

ARTHUR. Non, mais je dis qu'en sortant de l'école, il faudra entrer dans les artificiers; c'est un corps qui fait plus de bruit que de besogne.

HENRI. Ah! c'est comme cela que tu le prends! tiens. (*Il lui donne une croquignole.*) En garde maintenant.

ARTHUR. Place, place, Messieurs, il m'a insulté.

HENRI. Touché!

ARTHUR. Rien, rien; une égratignure à la main, une cravate et continuons.

SCÈNE II.

LES MÊMES, VICTOR, *entrant.*

VICTOR. Eh bien! que fait-on ici? on se bat, camarade contre camarade, Français contre Français, quand les Prussiens sont aux portes de Paris.

TOUS. Les Prussiens! impossible.

VICTOR. Impossible? Tenez, voyez cette proclamation. « Citoyens, une colonne ennemie s'est portée sur Meaux, elle s'avance par la route d'Allemagne, mais l'Empereur la suit de près. »

TOUS. Vive l'Empereur!

VICTOR. « Le conseil de régence a pourvu à la sûreté de l'Impératrice et à la sûreté du roi de Rome : je reste avec vous. »

HENRI. Comment! à la sûreté de l'Impératrice.. à la sûreté du roi de Rome...

VICTOR. Messieurs, l'Impératrice et le roi de Rome sont partis ce matin à onze heures.

ARTHUR. Partie, l'Impératrice... partie?

VICTOR. Elle ne le voulait pas, mais on l'a forcée. Le roi de Rome ne voulait pas quitter les Tuileries. Il jetait des cris affreux ; sa gouvernante a été obligé de l'emporter dans ses bras. Maintenant voilà ce que j'ai fait ; j'ai cru devoir me rendre en votre nom à tous chez le ministre de la guerre pour lui offrir nos services.

TOUS. Bravo! bravo!.. eh bien, le ministre.

VICTOR. Impossible de pénétrer jusqu'à lui. J'avais bien envie de ne pas rentrer et de courir aux barrières, mais il m'a semblé que ce serait une trahison envers vous, mes amis.

ARTHUR. Bien, Victor.

VICTOR. Donc, voilà où en sont les choses. On va se battre pour défendre Paris ; se battera-t-on sans nous ?

TOUS. Non.

VICTOR. Eh bien, armons-nous.

ARTHUR. Camarades, camarades, vous le savez, les ordres sont précis ; pas un élève ne doit sortir de l'école sans permission, toute désobéissance est punie de huit jours de cachot.

VICTOR. Eh bien, il y a un moyen que personne ne soit puni.

TOUS. Lequel ?

VICTOR. C'est de désobéir tous.

LÉON. Camarades je comprends... je partage votre enthousiasme. Mais observez que nous sommes tous fils d'officiers... et que nous devons.

VICTOR. C'est justement parce que nous sommes tous fils d'officiers, que nous nous devons à la défense de notre pays... et si tu crains...

LÉON. Oh ! tu ne le penses pas, Victor, et je te prouverai que tout comme un autre, je sais gagner sur le champ de bataille une épaulette de capitaine.

VICTOR. A la bonne heure. D'ailleurs, le frère de l'Empereur fait un appel aux Parisiens.

HENRI. Nous devons tout à l'Empereur, c'est lui qui a fondé l'école ; nous voulons défendre Paris, et mourir pour l'Empereur.

TOUS. Vive l'Empereur ! aux fusils... aux canons... aux armes, et maintenant à bas les portes... enfonçons les portes !..

SCÈNE III.

LES MÊMES, LE MAJOR.

LE MAJOR. C'est inutile.

TOUS. Le major !

LE MAJOR. En voici les clefs ; je vous autorise à sortir, car dans une circonstance pareille ce serait d'un mauvais Français de s'opposer à votre ardeur.

TOUS. Vive le major !

LE MAJOR. Si je n'étais enchaîné ici par la consigne, je ne voudrais pas que ce fût un autre que moi qui eût l'honneur de vous faire faire vos premiers pas vers l'ennemi.

TOUS. Bravo ! bravo !

LE MAJOR. Allez, enfants ; allez, et puissé-je avoir la joie qu'il ne manquera pas un de vous au prochain appel !

VICTOR. Ceux qui manqueront, major, vous les retrouverez aux Invalides ou au Panthéon. Et maintenant, canonniers, à vos pièces... vous à la barrière Blanche et aux buttes Saint-Chaumont, et nous à la barrière Clichy. (*Ils sortent tous en criant vive l'Empereur !*)

Sixième Tableau.

LA BARRIÈRE CLICHY.

SCÈNE PREMIÈRE.

PAYSANS, puis VICTOR. (*Grand tumulte à la barrière. L'octroi se perçoit comme en temps ordinaire. Les Paysans fuient en rentrant dans Paris. Une charrette est montée par un paysan.*)

UN CRIEUR. Voici la proclamation du roi Joseph, lieutenant-général de l'Empereur, commandant en chef la garde nationale, aux citoyens de Paris. Un sou. Voici la proclamation.

UN HOMME. Donne, mon ami, donne. Arrivez, vous autres, je vais vous lire cela.

LES SPECTATEURS. Lisez-nous cela, lisez-nous cela. Montez ici !.. montez là !.. (*On entend le crieur qui s'éloigne.*)

VICTOR, *entrant avec les élèves*. Inutile, inutile. Comme elle annonce que l'ennemi vient au-devant de nous, nous allons au-devant de l'ennemi.

TOUS. Bravo ! bravo, l'école Polytechnique est avec nous. Vive l'école Polytechnique !

UN AIDE DE CAMP, *entrant*. Gare ! gare !

VICTOR. Quelles nouvelles ! monsieur ? quelles nouvelles !..

L'AIDE DE CAMP. Qu'on se bat aux buttes Saint-Chaumont ! Que le duc de Raguse est à Romainville. (*Canon.*) Entendez-vous ? c'est lui qui carillonne en ce moment-ci ? Gare ! gare ! (*Il sort.*)

LE PAYSAN. Il ne nous manque plus que les invalides.

VICTOR. Les voilà.

ARTHUR. Bonjour, père Clopin ! bonjour, père Clopant !

L'INVALIDE. Bonjour, morveux.

ARTHUR. Ah ! vous dites ça parce que vous ne vous mouchez pas du pied.

DES VOIX. Ah ! la garde nationale ! Vive la garde nationale ! (*Pendant qu'on fraternise au premier plan, un régiment de ligne arrive.*)

VICTOR. La ligne !.. la ligne !.. Ah ! c'est toi, Lorrain. Mon père ? où est mon père ?

LORRAIN. Il y a plus de huit jours que

2

nous ne l'avons vu; il sera resté quelque part, pauvre colonel!

VICTOR. Et où cela, mon ami?

LORRAIN. Dame! où sont restés déjà les trois quarts du régiment, où restera le dernier quart, couchés sur ce grand lit de camp qu'on appelle un champ de bataille.

VICTOR. Mort! mon père! mort!

SCÈNE II.
LES MÊMES, FORTUNÉ, CATHERINE.

FORTUNÉ. Vivant, et très-vivant, monsieur Victor, rassurez-vous.

VICTOR. Ah! c'est toi, Fortuné?

FORTUNÉ. Oui, monsieur Victor, et voilà ma sœur, Catherine Michelin, qui est de votre connaissance; de plus, mon neveu, Napoléon Michelin, que j'ai l'honneur de vous présenter. (*Il lui montre l'enfant ficelé sur son sac.*)

VICTOR. Bonjour, ma bonne Catherine; les affaires ont donc bien tourné?

CATHERINE. Oui, monsieur Victor, à merveille, comme vous voyez.

VICTOR. De sorte que l'enfant...

FORTUNÉ. L'enfant est reconnu, et la preuve c'est que je le porte sur mon dos pour qu'il ne fatigue pas trop Catherine.

VICTOR. Mais dis donc, en retraite ça n'est pas très-prudent.

FORTUNÉ. C'est selon comme on bat en retraite, monsieur Victor. Or, comme nous ne montrons jamais les épaules à l'ennemi, l'enfant est toujours garanti.

VICTOR. Brave Michelin! maintenant, dis-moi, mon père?..

FORTUNÉ. Attendez, le moutard a soif. Tiens, Catherine, cela ne me regarde plus, tu es chargée du département des liquides. (*Il lui donne l'enfant.*) Votre père, monsieur Victor; voilà ce que c'est, l'Empereur l'a chargé d'une mission secrète.

VICTOR. Pour qui?

FORTUNÉ. Pour Sa Majesté le roi Joseph.

VICTOR. Mais il est donc à Paris?

FORTUNÉ. Il est à Paris.

VICTOR. Comment se fait-il que je ne l'aie pas vu?

FORTUNÉ. Depuis quand êtes-vous sorti de l'école?

VICTOR. Depuis une heure.

FORTUNÉ. Eh bien! voilà, voyez-vous, il aura été obligé de prendre la traverse et il ne sera arrivé qu'hier ou que ce matin, les chemins ne sont pas sûrs. Et mademoiselle votre sœur?

VICTOR. Elle est en sûreté chez ma tante; rue du Helder.

BERTAUD, *dans la coulisse.* Le 24ᵉ de ligne? N'est-ce pas ici que se réunit le 24ᵉ de ligne?

VICTOR. Je ne me trompe pas, c'est sa voix! . Mon père! mon père!

SCÈNE III.
LES MÊMES, LE COLONEL BERTAUD,
entrant.

BERTAUD. Victor, mon enfant! (*Changeant de ton.*) Pourquoi donc avez-vous quitté l'école, monsieur?

VICTOR. On nous a laissés sortir pour nous battre, mon père, et j'ai pensé que dans un moment comme celui-ci la seule voix qu'il fallait écouter c'était celle de la France! Or, la France criait aux armes, mon père, j'ai pris les armes, et me voilà.

BERTAUD. Et tu as bien fait.

VICTOR. Tiens, c'est toi, Emmanuel, chirurgien-major! peste! tu n'as pas perdu ton temps.

EMMANUEL. C'est une faveur que je ne dois pas à mon mérite, mon cher Victor, mais aux bontés de l'Empereur.

VICTOR. Et l'Empereur est toujours bon pour vous, mon père?

BERTAUD. Avant de le quitter je lui ai demandé la seule chose que je désirasse et il me l'a accordée. Mais il ne s'agit point de cela, mes amis, c'est moi votre colonel.

LES SOLDATS. Vive le colonel Bertaud! vive le colonel!

FORTUNÉ. Présent, mon colonel.

BERTAUD. Mes amis, il s'agit tout simplement de nous faire tuer ici; y êtes-vous disposés?

LORRAIN. Tout ce que vous ferez nous le ferons, colonel.

PLUSIEURS VOIX. L'ennemi! l'ennemi!

BERTAUD. Allons, mes amis, la charge et en avant; donnons-leur, une fois pour toutes, une indigestion de plomb et d'acier.

FORTUNÉ. Reficelons le moutard! (*On replace l'enfant sur le sac.*)

BERTAUD. Et vous, mes enfants, défendez la barrière; c'est une pauvre fortification, je le sais, mais la vraie muraille d'une ville c'est la poitrine de ses enfants. En avant! en avant! (*Le canon se rapproche, la fusillade se fait entendre à deux cents pas de la barrière. Les hommes du peuple restent en criant à la barrière!*)

LE MARÉCHAL MONCEY, *arrivant.* En retraite, mes amis, en retraite. Occupez les hauteurs et défendez les barrières; sans cela, morbleu! vous vous ferez écharper tous.

Garnissez les maisons, tirez des fenêtres. (*On rentre en désordre.*) Barricadez-vous! (*Au colonel Bertaud.*) Quel régiment?

BERTAUD. Le 24e, maréchal.

MONCEY. Colonel Bertaud, alors?

BERTAUD. Oui, maréchal.

MONCEY. Bon, je n'ai pas besoin ici puisque vous y êtes. Vous promettez de défendre cette barrière?

BERTAUD. Jusqu'à la mort.

MONCEY. C'est bien. Mes aides de camp vous apporteront de mes nouvelles et m'apporteront des vôtres. Je suis à la barrière Blanche. Gare! mes amis, gare!

SCÈNE IV.

LES MÊMES, *moins* MONCEY, LE BOSSU.

BERTAUD. Allons, barricadez-moi la porte vivement, mes enfants, vivement. Catherine, donne la goutte à tous ces gens-là, c'est moi qui paye.

CATHERINE. Oh! il n'y a pas besoin de cela, colonel. Ils savent bien que les jours de bataille c'est comme les jours de fête; distribution gratis! Buvez, mes enfants, buvez. (*A Fortuné.*) Eh bien! toi?

FORTUNÉ. Moi, je retiens le bidon. (*Il le prend et boit.*) Bon, il n'y a plus seulement de quoi rafraîchir une poule dans ton baril.

VICTOR, *allumant des grenades à une mèche de canon et les lançant.* Maudites grenades, va!

UN AIDE DE CAMP DE LA GARDE NATIONALE. Qu'avez-vous après vos grenades?

VICTOR. J'ai, monsieur, que je ne sais pas ce qu'elles ont, mais tout à l'heure plus d'un tiers a raté. Il faut que quelqu'un trahisse pour nous donner de pareilles munitions.

L'AIDE DE CAMP. Personne ne trahit, entendez-vous, monsieur! et si vos grenades ne partent pas, c'est que vous ne prenez pas le temps de les allumer.

VICTOR. Je crois que vous vous trompez, monsieur; si les grenades ne partent pas, c'est qu'elles sont bourrées avec du son et des cendres.

L'AIDE DE CAMP. Si les grenades ne partent pas, monsieur, c'est que vous les allumez mal.

VICTOR. Et je les allume mal, parce que...

L'AIDE DE CAMP. Parce que vous aviez peur qu'elles ne vous éclatassent dans les mains.

VICTOR. Parce que j'aurais peur, dites-vous?

BERTAUD. Hein? Qui est-ce qui a dit que Victor avait peur?

VICTOR. Rien, mon père, rien. (*Il descend, prend une grenade de chaque main, les allume et les met sous le nez de l'aide de camp.*) Tenez, Monsieur, vous ne direz pas qu'elles sont mal allumées, n'est-ce pas? Eh bien! sur deux, il n'y en aura peut-être qu'une qui éclatera.

L'AIDE DE CAMP. Que diable faites-vous? Jetez donc ces grenades, jetez-les donc!

VICTOR. Dame! vous prétendez que j'ai peur. (*L'aide de camp fait sauter les deux grenades en donnant un coup sur chaque main de Victor; sur les deux grenades, une seule éclate.*) Eh bien! quand je vous le disais.

BERTAUD, *pâlissant.* Oh! le malheureux!

L'AIDE DE CAMP. Recevez mes excuses, Monsieur.

VICTOR. Oh! il n'y a pas de quoi. (*La fusillade se fait entendre dans la coulisse. On riposte par des coups de fusil. Une bombe tombe sur le théâtre.*)

TOUS. Gare l'obus! (*On se gare, on se jette à plat ventre; la fusillade cesse.*)

VICTOR. Place! (*Il s'élance pour couper la mèche.*)

BERTAUD, *l'écartant.* A mon tour un peu! (*L'obus éclate; Bertaud porte les mains à son visage.*)

VICTOR. Mon père!

EMMANUEL. Mon oncle! (*Il écarte les mains de Bertaud.*) De l'eau fraîche avec quelques gouttes d'eau-de-vie. Ce ne sera rien, il n'y a pas de blessure.

BERTAUD. Mais alors je puis rester à mon poste.

EMMANUEL. Quand vous serez pansé, mon oncle. (*On entraîne Bertaud dans une maison.*)

VICTOR. Écoute, Catherine, rends-moi un grand service.

CATHERINE. Deux, monsieur Victor.

VICTOR. Cours jusqu'à la rue du Helder; préviens ma sœur que mon père vient d'être blessé légèrement, entends-tu; ne l'effraye pas, je puis être entraîné ailleurs. Emmanuel a son service, mon père serait abandonné; qu'elle vienne le plus près qu'il sera possible avec une voiture; nous y ferons conduire mon père; va.

CATHERINE. Fortuné, on te recommande l'enfant.

FORTUNÉ. Laisse donc; il est là comme dans sa bercelonnette. (*La fusillade recommence; puis les trompettes annoncent le parlementaire.*)

SCÈNE V.

LES MÊMES, UN PARLEMENTAIRE. (*Du dehors on entend la trompette.*)

PLUSIEURS VOIX. Un parlementaire! un parlementaire! (*On ouvre la petite porte.*)

L'HOMME. Un parlementaire ennemi. Tirez dessus!

L'AIDE DE CAMP. Halte-là! Messieurs, un parlementaire est sacré. Qu'on l'introduise. Je vais chercher le maréchal.

FORTUNÉ, *au Parlementaire*. Attendez là, capitaine.

SCÈNE VI

LES MÊMES, CATHERINE, FRANCE.

CATHERINE. Fortuné! Fortuné! voilà mademoiselle en personne.

FORTUNÉ. Eh! mon colonel! mon colonel! voilà mademoiselle France.

BERTAUD, *sortant de la maison*. France, ma fille!

VICTOR. Mon père! mon père! n'ôtez pas le bandeau, Emmanuel l'a défendu.

FRANCE. Mon père, vous êtes blessé?

BERTAUD. Ce n'est rien; le visage un peu brûlé par la poudre; voilà tout. Emmanuel prétend que dans huit jours il n'y paraîtra plus.

FRANCE. Bien vrai, mon père?

BERTAUD, *portant la main à son bandeau*. Mais, ma foi!...

EMMANUEL, *essayant de s'opposer à ce que le colonel ôte son bandeau*. Mon oncle!

VICTOR. Mon père!

BERTAUD. Oh! tant pis! Il y a près d'un an que je ne l'ai vue, il faut que je la voie. France, ma fille! (*arrachant son bandeau*) où es-tu, que je te regarde tout à mon aise, France!

FRANCE. Mais me voilà, mon père.

BERTAUD. Tu es là, je te touche; je ne te vois pas! Oh! malheureux! malheureux! j'ai les yeux brûlés! je suis aveugle!

FRANCE. Mon père!

VICTOR. Mon père!

EMMANUEL, *à France*. Emmenez-le.... emmenez-le à l'instant.

FRANCE. Venez, venez, mon père; notre amour vous tiendra lieu de tout, même de la lumière du ciel... Venez, venez.

SCÈNE VII.

LES MÊMES, LE MARÉCHAL MONCEY.

LE MARÉCHAL. Où est le parlementaire?

LE PARLEMENTAIRE. Me voilà, monsieur le maréchal.

LE MARÉCHAL. Que voulez-vous?

LE PARLEMENTAIRE. Traiter de la capitulation de Paris.

LE MARÉCHAL. De quelle part venez-vous?

LE PARLEMENTAIRE. De la part du prince de Schwartzenberg.

LE MARÉCHAL. Retournez vers le prince, et dites-lui que quand il s'agit de capitulation, il faut s'adresser à un autre qu'au maréchal Moncey.

LE PARLEMENTAIRE. C'est votre dernier mot, Monsieur le maréchal?

LE MARÉCHAL. Oui, Monsieur; allez.

TOUS. Vive le maréchal Moncey!

LE MARÉCHAL. Vive la France! (*Le feu recommence.*) Chacun à son poste, et que ce soit pas par la barrière de Clichy que l'ennemi entre dans Paris. (*L'action s'engage; la barrière est brisée à coups de canon par les Prussiens. Les Français ripostent avec acharnement. Henri et Arthur sont blessés. Tableau de la barrière Clichy.*)

ACTE TROISIÈME.

Septième Tableau.

UNE AUBERGE A AVIGNON.

SCÈNE PREMIERE.

PORTEFAIX D'AVIGNON, *buvant et chantant*, EMMANUEL *à une table*.

UN D'EUX *chantant*.
Le Corse de madame Ango
N'est pas le Corse de la Corse
Car le Corse de Marengo
Est d'une bien plus dure écorce.

POINTU. Tais-toi donc! taisez-vous donc! vous chantez faux comme des orfraies.

UN PORTEFAIX. Dis donc, Pointu, est-ce vrai que tu jetterais ce boulet de quarante-huit-là, qui fait tourner la broche, par-dessus la porte de l'Oulle?

POINTU. Décroche le boulet et donne-le-moi, tu verras.

LA SOEUR DE L'AUBERGISTE. Voulez-vous laisser là mon boulet, vous!... Eh bien! bon, et la broche... ne faut-il pas qu'elle tourne, comme le soleil, pour tout le monde?

POINTU. C'est juste! Le Corse est tombé, c'est fête. Allons, du vin!... du vin!...

LA CALADE. Ah! si c'est pour boire à la chute que vous demandez du vin, la cave est à vous.

POINTU. Tu lui en veux donc aussi, à l'ogre de Corse, toi?

LA CALADE. Est-ce qu'on n'est pas venu prendre, il y a six mois, mon fiancé avec des gendarmes? Est-ce qu'on ne l'a pas fusillé sous prétexte qu'il avait déserté avec armes et bagages?

POINTU. Tiens, tu es charmante, laisse-moi t'embrasser. Eh! venez donc, les autres; c'est ici qu'on boit, c'est ici qu'on mange, c'est ici qu'on danse. (*Immédiatement le vin, les tambours, les danses, à la fin des danses.*)

UN PORTEFAIX, *accourant.* Eh! les amis! dites donc, vous ne savez pas?

TOUS. Non; mais dis, nous saurons.

LE PORTEFAIX. On le conduit à l'île d'Elbe, et il passe par ici.

TOUS. Qui cela?

LE PORTE-FAIX. Nicolas, donc!

POINTU. Le Corse, le Corse passe par ici?

LE PORTEFAIX. Qu'en dis-tu?

POINTU. Je dis que tu te trompes, il ne passe pas par ici.

LE PORTEFAIX. Comment! il ne passe pas par ici?

POINTU. Non; il s'arrête ici.

TOUS. Compris! compris!

LA CALADE. S'il doit tomber ici, je demande à en être, moi!

L'AUBERGISTE. Comment! un assassinat! y penses-tu, malheureuse?

POINTU. Ah ça, dis donc, mêle-toi de tes affaires, ou sinon le Rhône est à deux pas d'ici.

EMMANUEL, *se levant et allant à lui.* Touchez là, camarade.

POINTU. Tu es donc des nôtres, toi?

EMMANUEL. Oui, et en tous cas, s'il dépasse Avignon, nous sommes là, à Aix.

POINTU. Inutile; voilà une hache qui lui fera son affaire.

UN AUTRE. Voilà une baïonnette qui n'attend que le moment.

LA CALADE. Et voilà un couteau qui n'est pas ébréché, je m'en vante.

POINTU, *à Emmanuel.* Et toi, je ne te vois pas d'armes.

EMMANUEL. Moi, ils sont là, (*montrant ses poches*) au chenil, deux boules-dogues qui aboient et qui mordent en même temps.

POINTU. Bon, je vois que tu es un brave. (*On entend le bruit d'une voiture.*)

TOUS. Qu'est-ce que c'est que ça? qu'est-ce que c'est que ça? Une voiture, c'est lui! A la voiture! à la voiture! (*Ils courent tous dehors.*)

SCENE II.

EMMANUEL, LE MAITRE DE L'AUBERGE.

EMMANUEL. Tu es un vieux soldat, toi?

L'AUBERGISTE. Eh bien oui, après?

EMMANUEL. Qui ne fais pas cause commune avec tous ces brigands-là.

L'AUBERGISTE. On n'est pas un assassin, voilà tout.

EMMANUEL. Tu as fait les premières guerres.

L'AUBERGISTE. Qui vous a dit cela?

LE GÉNÉRAL MICHEL. Moi!

L'AUBERGISTE. Mon ancien chef de brigade! Vous vous êtes souvenu du père Moulin?

LE GÉNÉRAL. Oui, comme d'un brave et fidèle soldat de l'Empereur; ainsi, nous pouvons compter sur toi?

L'AUBERGISTE. Oui, oui; motus, les voilà qui reviennent.

SCENE III.

LES MÊMES, POINTU, PORTEFAIX, LE CAPITAINE DE FRÉGATE CAMPBELL, LE MAJOR KOLLER.

CAMPBELL. Eh bien, messieurs, qu'est-ce que cela, et que voulez-vous?

POINTU. Nous voulons l'usurpateur.

CAMPBELL. Ces gens-là sont fous.

POINTU. Qu'est-ce qu'il dit le homard?

PORTEFAIX. Il dit que nous sommes fous.

CAMPBELL. Fous ou enragés, à votre choix. Le maître de l'hôtel?

L'AUBERGISTE. C'est moi, capitaine.

CAMPBELL. Je suis le commissaire anglais chargé de conduire l'empereur Napoléon à l'île d'Elbe, et voilà mon collègue le major Koller, commissaire prussien.

LES PORTEFAIX. L'empereur Napoléon? (*Murmures.*)

CAMPBELL. Oui, Messieurs, l'empereur Napoléon. On ne cesse pas d'être empereur parce qu'on n'habite pas les Tuileries, pas plus que le pape qui est mort à Valence n'avait cessé d'être pape pour ne plus habiter le Vatican. Toutes les majestés viennent d'en haut. Qui a été, est, et qui est, sera.

POINTU. Eh bien, il ne sera pas longtemps, voilà ce que j'ai l'honneur de vous dire, monsieur le commissaire.

CAMPBELL. Est-ce qu'il n'y a pas des autorités constituées dans cette ville?

POINTU. Ah! oui, les autorités! il faudrait qu'elles eussent la force pour elles les autorités.

CAMPBELL. Il n'y a pas de garnison?

POINTU. Deux cents hommes de troupe de ligne.

CAMPBELL. Ces deux cents hommes ont un commandant?

SCENE IV.
LES MÊMES, LE COMMANDANT MONTAGNAT.

MONTAGNAT. Oui, monsieur, c'est moi. (*Murmures.*)

CAMPBELL. J'ai besoin de vous parler, Monsieur.

MONTAGNAT. Et moi, je vous cherchais. Je voulais vous demander, Monsieur, si Sa Majesté l'Empereur avait une escorte suffisante pour faire une courageuse résistance en cas d'attaque.

CAMPBELL. Craignez-vous donc une tentative organisée?

MONTAGNAT. Des misérables ont juré que l'Empereur ne sortirait pas vivant d'Avignon.

POINTU. Qu'est-ce qu'ils chuchotent donc?

CAMPBELL. Messieurs, vous allez nous laisser cette salle, s'il vous plaît.

POINTU. De quoi? de quoi? cette salle, c'est la salle commune, tout le monde a le droit d'y rester, pourvu qu'il y consomme. Du vin, père Moulin, du vin! (*Il chante à tue-tête.*)

Le Corse de madame Ango
N'est pas le Corse de la Corse;
C'est le Corse de Marengo
Est d'une bien plus dure écorce.

CAMPBELL, *à l'Aubergiste.* Mon ami, donnez-nous une chambre particulière.

POINTU. Eh bien, où vont-ils donc?

CAMPBELL. Si vous avez le droit de rester dans la chambre commune, nous avons le droit, nous, de prendre une chambre particulière.

L'AUBERGISTE. Passez là, Messieurs, c'est la chambre de ma sœur.

CAMPBELL, *prenant une lampe.* Venez, messieurs. (*Ils entrent.*)

SCÈNE V.
LES MÊMES, *moins* LES COMMISSAIRES *et* MONTAGNAT.

POINTU. C'est bien, comploter tant que vous voudrez, il faut qu'il passe ici, et nous l'attendons ici.

MICHEL, *à Emmanuel.* Qu'y a-t-il à faire?

EMMANUEL. Je crois qu'il y a à mourir avec l'Empereur et pas autre chose.

MICHEL. Alors, faisons signe à nos amis.

EMMANUEL. Laissez-moi aller les chercher; ils ne se défient pas de moi.

MICHEL. Oh! vous n'aurez pas besoin d'aller bien loin, ils sont là sur le seuil de la porte. (*Emmanuel va à la porte, l'ouvre, on voit la rue pleine de peuple.*)

EMMANUEL, *à part, au général Michel.* Réunissons-nous, et tenons-nous prêts. (*Aux autres, haut.*) Soyez tranquilles, mes amis, il ne tardera pas à arriver.

CENT VOIX. Qu'il vienne, on l'attend.

POINTU, *qui a écouté à la porte et essayé de voir par la serrure.* Chut! les voilà! les voilà!...

SCENE VI.
LES MÊMES, CAMPBELL, MONTAGNAT, KOLLER.

CAMPBELL. Place, Messieurs, s'il vous plaît.

POINTU. Eh bien, avons-nous pris nos petites dispositions? sauverons-nous le grand homme, hein?

CAMPBELL. Nous l'espérons, Messieurs, place! (*Il sort avec Koller et Montagnat.*)

SCÈNE VII.
LES MÊMES, *moins* CAMPBELL, KOLLER *et* MONTAGNAT, *plus* LA CALADE.

LA CALADE, *sortant de la même chambre que les commissaires.* Chut!

TOUS. La Calade!

LA CALADE. Venez ici, je sais tout, nous le tenons le brigand.

EMMANUEL. Que va-t-elle dire?

LA CALADE. J'étais dans ma chambre quand ils sont entrés, j'ai soufflé la chandelle, je me suis cachée derrière les rideaux; voilà ce qu'ils veulent faire, l'Empereur ne descendra pas ici.

TOUS. Hein?

LA CALADE. Il tournera la ville et changera de chevaux à la porte Saint-Lazare.

POINTU. Est-ce qu'il y a une poste à la porte Saint-Lazare? c'est ici la poste, il faudra bien qu'il descende ici.

LA CALADE. Monsieur Montagnat, le lieutenant de la ligne, s'est chargé de trouver des chevaux.

POINTU. Eh bien, alors, allons à la porte Saint-Lazare.

EMMANUEL *et ses compagnons.* A la porte Saint-Lazare!

TOUS, *s'élançant hors de la maison.* A la porte Saint-Lazare! (*Tous sortent excepté Emmanuel et ses compagnons.*)

SCÈNE VIII.
EMMANUEL, L'AUBERGISTE, LES QUATRE OFFICIERS.

EMMANUEL *suit des yeux tout le peuple qui*

s'éloigne puis va à l'aubergiste. Papa Moulin, il faut sauver l'Empereur.

L'AUBERGISTE. Comment cela ?

EMMANUEL. Tandis qu'ils vont l'attendre à la porte Saint-Lazare, courez sur la grande route ; la première voiture qui passera c'est la sienne ; les commissaires russes et autrichiens sont avec lui. Vous arrêterez la voiture, vous lui direz ce qui se passe là-bas, vous l'amènerez ici par quelque porte dérobée.

L'AUBERGISTE. Mais s'il ne veut pas me croire ?

EMMANUEL. Vous lui direz que c'est moi, moi Emmanuel de Mégrigny, qui lui fais passer cet avis. Tenez, général, tenez, colonel, allez avec monsieur Moulin ; moi, j'attends ici avec ces Messieurs. (*Bruit de voiture.*) Silence !

TOUS. Quoi ! (*L'Empereur paraît.*)

EMMANUEL. L'Empereur, Messieurs, l'Empereur, il n'a pas eu le temps d'être prévenu, et ce qui devait le perdre le sauve. Allons, il y a toujours au ciel une étoile pour lui. (*A l'entrée de l'Empereur, on baisse la banne, on tire les rideaux.*)

SCÈNE IX.

LES MÊMES, L'EMPEREUR, *accompagné de Campbell, du Général, du Colonel et des Commissaires russes et autrichiens.*

L'EMPEREUR. Eh bien, que dites-vous, mon cher, que vos Avignonais veulent m'assassiner ? Eh ! je croyais cependant qu'ils devaient être rassasiés depuis le massacre de la Glacière. Quels sont ces hommes ?

EMMANUEL. Sire, des serviteurs dévoués à Votre Majesté, et prêts à mourir pour elle.

L'EMPEREUR. Ah ! monsieur Emmanuel de Mégrigny. Merci, monsieur ; il fait bon de retrouver sur la route de l'exil les gens qu'on aime et qu'on estime.

CAMPBELL. Sire, pouvons nous vous être bons à quelque chose dans le danger que vous courez ?

EMMANUEL. Messieurs, vous pouvez faire mettre ostensiblement les chevaux à votre voiture, en disant qui vous êtes, et en annonçant que Sa Majesté vous suit dans une troisième voiture. Allez, messieurs, et songez quelle existence vous êtes chargés de conserver.

SCÈNE X.

L'EMPEREUR, EMMANUEL, LES OFFICIERS.

L'EMPEREUR. C'est donc vous, monsieur Mégrigny ? c'est donc vous, général Michel ? Mais il est un autre bon ami à moi, que je ne vois point parmi ces messieurs, c'est le colonel Bertaud. Aurait-il été tué ?

EMMANUEL. Non, Sire, il n'a pas eu ce bonheur.

L'EMPEREUR. Serait-il mort ?

EMMANUEL. Non, car il ignore l'abdication de votre majesté.

L'EMPEREUR. Il ignore mon abdication ! a-t-elle fait si peu de bruit en France, qu'un seul Français ignore un pareil événement ?

EMMANUEL. Sire, le colonel Bertaud est aveugle.

L'EMPEREUR. Aveugle ! mon pauvre Bertaud !

EMMANUEL. Un obus, en éclatant, lui a brûlé les yeux.

L'EMPEREUR. Oh ! que dites-vous là ? Est-il riche au moins ?

EMMANUEL. Oui, Sire, grâce aux bienfaits de votre majesté.

L'EMPEREUR. Aveugle ! quel malheur !

EMMANUEL. Oui, sans doute ; mais Dieu a mis pour nous une consolation dans ce malheur.

L'EMPEREUR. Laquelle ?

EMMANUEL. C'est que, grâce à cet accident terrible, on a pu lui cacher la chute de votre majesté, chute à laquelle, vous le savez bien, Sire, il n'eût pas survécu.

L'EMPEREUR. Oui, vous l'avez dit, monsieur de Mégrigny ; dans ce malheur il y a le doigt de Dieu. Mais vous êtes réunis ici dans une intention quelconque.

EMMANUEL. Dans l'intention de vous sauver Sire.

L'EMPEREUR. Comment cela ?

EMMANUEL. Comme votre majesté peut le voir, sa vie court le plus grand danger.

L'EMPEREUR. Oh ! monsieur, pendant mes vingt ans de guerre, j'ai vu la mort de si près, qu'il faut qu'un danger bien réel s'offre à moi pour que je daigne le saluer de ce nom. D'ailleurs, je puis dire comme le Jules César de Shakspeare : Le danger et moi sommes deux lions nés le même jour et je suis l'aîné.

EMMANUEL. Eh bien soit, Sire ; laissons là le danger si grand qu'il soit, pensons à l'avenir.

L'EMPEREUR. A l'avenir ?

EMMANUEL. Eh bien, Sire, à six lieues d'ici, de l'autre côté de la rivière, entre Caumont et Saint-Andéol, dix hommes à nous nous attendent ; rien de plus facile que de vous enlever, que de gagner le golfe de Lyon. Là, le beau-frère du général Lallemand, capitaine au long cours, vous attend avec son brick ; vous montez dessus, il met à la voile et vous allez en Amérique attendre les événements.

L'EMPEREUR. En Amérique! c'est trop loin.

EMMANUEL. Votre majesté est donc décidée à se rendre à l'île d'Elbe?

L'EMPEREUR. Oui, monsieur de Mégrigny, puis-je personnellement faire quelque chose qui vous soit agréable?

EMMANUEL. Je demanderai à l'Empereur la grâce de l'accompagner dans son exil.

L'EMPEREUR. C'est une triste grâce, monsieur, mais je suis habitué aux dévouements de votre famille. Elle vous est accordée, vous serez le chirurgien-major de la garde. Eh bien, quel est ce bruit?

SCÈNE XI.

LES MÊMES, LE COMMISSAIRE RUSSE, LE COMMISSAIRE AUTRICHIEN, L'ABERGISTE.

CAMPBELL. Sire, le bruit s'est répandu que votre majesté était ici, les gens qui étaient à la porte Saint-Lazare encombrent toutes les parties de la maison, ils ne veulent pas laisser partir la voiture, ils menacent de couper les traits des chevaux, ils menacent... ils menacent enfin la vie de votre majesté.

L'EMPEREUR. Eh bien, monsieur?

EMMANUEL. Nous voilà, Sire, prêts à mourir pour vous et avec vous.

CAMPBELL. Oui, messieurs, mais nous sommes chargés de la garde de l'Empereur, nous; il ne faut pas qu'il arrive malheur à l'Empereur, ce serait une tache de sang au blason des quatre puissances.

L'EMPEREUR, *très-tranquillement*. Alors, messieurs, ce serait à vous, ce me semble, de trouver un moyen.

CAMPBELL. Sire, si votre majesté consentait à mettre cette redingote, ce chapeau, si votre majesté consentait à passer pour une des personnes de notre suite.

L'EMPEREUR. Allons donc, messieurs!

CAMPBELL. Sire! Sire! au nom du ciel! (*Cris au dehors.*) Sire, songez donc que nous répondons de vous.

L'EMPEREUR, *haussant les épaules*. A qui, monsieur?

CAMPBELL. Au monde d'abord, puis à Dieu.

EMMANUEL, *se précipitant vers la porte, les pistolets à la main*. Messieurs, vous savez ce qui nous reste à faire.

L'EMPEREUR. Assez; je consens, je ne veux qu'une seule goutte de sang coule pour moi. (*Il revêt la redingote et le chapeau du commissaire autrichien.*) Ouvrez! (*On ouvre les portes et les fenêtres, le peuple se précipite.*)

SCÈNE XII.

LES MÊMES, LE PEUPLE, (*Le Commissaire russe et le Commissaire prussien viennent se ranger près de leurs compagnons.*)

LE PEUPLE. Où est-il? où est-il?

CAMPBELL. Après qui en avez-vous, messieurs? voulez-vous dans notre personne violer le droit des gens?

POINTU. Ce n'est pas à vous que nous en voulons.

CAMPBELL. A qui donc?

PREMIER PORTEFAIX. A celui que vous appelez l'Empereur.

LE COMMISSAIRE. Il n'est point parmi nous.

POINTU. C'est que s'il y était, voyez-vous...

L'EMPEREUR, *s'avançant*. Vous le tueriez sans miséricorde, n'est-ce pas?

CHACUN, *levant son arme*. Sans miséricorde.

L'EMPEREUR, *jette son chapeau, dépouille sa redingote, puis avec le plus grand calme*. Frappez donc, je suis l'Empereur.

TOUS. L'Empereur! l'Empereur! (*Toutes les armes s'abaissent, toutes les colères meurent.*)

CAMPBELL. Oh! Sire, il n'y a que votre majesté pour opérer de pareils miracles.

L'EMPEREUR. N'avez-vous pas entendu dire, monsieur, qu'il y avait des hommes qui domptaient des tigres et qui charmaient des serpents. C'est une affaire de regard, voilà tout... En voiture, messieurs, en voiture!

POINTU, *s'élançant la hache à la main*. Place à l'Empereur! Et s'il y en a un qui le touche, il aura affaire à moi!—*Changement*.

Huitième Tableau.

GRENOBLE.

La maison du colonel Bertaud.

SCÈNE PREMIÈRE.

FRANCE, VICTOR. (*Victor écrit à une table, France est appuyée sur son épaule; on est dans un salon donnant sur un jardin par une espèce de perron.*)

FRANCE. As-tu fini?

VICTOR. Oui, chère sœur, voici les nouvelles d'aujourd'hui.

FRANCE. Et qu'est-ce que toute cette autre liasse, à laquelle je te vois travailler depuis près d'une semaine?

VICTOR. Ecoute bien ceci, chère sœur; c'est de la besogne faite d'avance dans la prévision d'un voyage qui n'aura peut-être pas lieu.

FRANCE. D'un voyage?

VICTOR. Oui, il est possible que je sois

forcé de m'absenter pour quinze jours, pour un mois, pour deux mois peut-être?

FRANCE. Pour deux mois ! toi ! Victor, nous qu.tter, quitter mon père!

VICTOR. Rien de moins certain que ce voyage, France, et cependant comme je te le dis, il rentre dans certaines possibilités. Eh bien voici pendant deux mois, jour par jour, les nouvelles que tu peux lire à mon père, je n'ai pas besoin de te recommander, n'est-ce pas chère sœur, dans le cas où je serais obligé de partir, de veiller autour de lui pour nous deux; de ne laisser approcher aucune personne sans que cette personne soit prévenue qu'il ignore tous nos malheurs.

FRANCE. Sois tranquille, du moment que nous avons commencé à le tromper, pauvre père, il faut le tromper jusqu'au bout. Mais où vas-tu donc ?

VICTOR. Tu m'excuseras, n'est-ce pas France, si je refuse de te le dire ?

FRANCE. C'est donc un secret ?

VICTOR. Oui.

FRANCE. Tu sors?

VICTOR. Je vais faire un tour du côté des grottes de Sassenage avec mon fusil.

FRANCE. Tu ne m'en voudrais pas, Victor si je te disais que depuis quelque temps tu m'inquiètes.

VICTOR. Non; mais je te demanderais d'où vient cette inquiétude.

FRANCE. Victor, nous vivons dans un temps où tu admets bien, n'est-ce pas, qu'il y ait lieu de craindre ?

VICTOR. A quel propos?

FRANCE. Mais à propos de politique; on sait l'attachement de notre famille à l'Empereur. Le gouvernement est ombrageux.

VICTOR. Eh bien?

FRANCE. Eh bien, Victor, ces parties de chasse, aux Mathésines, au Val Jouffré, aux lacs de la Fray, ces parties qui durent deux ou trois jours, ces absences fréquentes dans le passé, cette absence plus longue encore, dont tu nous menaces pour l'avenir. Victor, j'ai peur que tu ne te mêles à ces complots dont nous entendons parler tous les jours. Victor, j'ai peur que tu ne conspires.

VICTOR. Embrasse-moi, France. (*France l'embrasse.*) Tu es folle. (*Il prend son fusil et sort.*)

SCÈNE II.
FRANCE, *seule.*

Pauvre père ! il ne nous manquerait plus que cela, qu'il apprît en même temps que l'Empereur, son dieu, n'est plus sur le trône, et que mon frère conspire. Alors, ce serait deux raisons de mourir au lieu d'une. Oh ! cette bague qu'il porte au doigt et qui renferme ce poison. Si je pouvais obtenir qu'il me la donnât, ou du moins qu'il s'en séparât un instant !

SCÈNE III.
FRANCE, GROS-PIERRE.

GROS-PIERRE. Mademoiselle, c'est monsieur le préfet.

FRANCE. Comment ! monsieur le préfet?

GROS-PIERRE. Oui, monsieur le préfet de l'Isère.

FRANCE. Faites entrer.

SCÈNE IV.
FRANCE, LE PRÉFET.

GROS-PIERRE. Entrez, monsieur le préfet, entrez.

LE PRÉFET. Pardon, Mademoiselle, si je me présente ainsi chez vous.

FRANCE. Venez, Monsieur, venez.

LE PRÉFET. Je désirerais vous parler, à vous ou à monsieur votre frère.

FRANCE. Mon frère est sorti, Monsieur ; mais me voici.

LE PRÉFET. Pouvez-vous m'accorder quelques minutes?

FRANCE. Certainement, monsieur; d'ailleurs mon père est là, et si vous permettez...

LE PRÉFET. Non, merci; ce que je voulais vous dire, à vous, mademoiselle, ou à monsieur votre frère, a tout à fait besoin, au contraire, de l'absence du colonel.

FRANCE. Veuillez prendre la peine de vous asseoir, Monsieur, j'écoute.

LE PRÉFET. Mademoiselle, vous n'ignorez pas que dans un temps comme le nôtre, quatre mois après la chute d'un homme auquel se rattachaient tant d'intérêts divers, ces intérêts, quoique brisés, restent vivants, cherchent à se réunir, à se rejoindre, de là les conspirations, les complots.

FRANCE. J'écoute, Monsieur, mais je ne comprends pas.

LE PRÉFET. Je vais m'expliquer plus clairement, Mademoiselle. L'administration reçoit de Paris les ordres les plus sévères; on me rendra la justice de dire que, depuis ma nomination à la préfecture de Grenoble, j'ai, autant qu'il était en mon pouvoir, essayé de les adoucir.

FRANCE. Oui, Monsieur, je sais que vous êtes fort estimé, fort aimé même dans le département.

LE PRÉFET. Eh bien, mademoiselle, il m'est revenu des choses étranges, dont vous ne vous étonnerez pas que je vienne vous demander l'explication. On m'a dit que l'Empereur, tombé pour tout le monde, était resté sur le trône pour le colonel, qu'on lui avait entendu raconter de prétendues victoires, donner d'étranges ordres. On m'a dit, entre autres choses, qu'il se prétendait le commandant militaire du département, et qu'en vertu de ce prétendu commandement, hier, par exemple, sous prétexte que c'était aujourd'hui le 15 août, jour de la Saint-Napoléon, il avait fait une espèce de proclamation dans laquelle il invitait les habitants de Grenoble à illuminer leurs fenêtres.

FRANCE. Hélas! Monsieur, c'est une longue et triste histoire que celle que vous me demandez.

LE PRÉFET. N'importe, Mademoiselle, dites-la.

FRANCE. Mon père doit tout à celui qui est tombé. Monsieur, fortune, dotation, grades; mon père ne comprenait point que l'on ne sacrifiât pas tout à celui à qui l'on doit tout. A Méry-sur-Seine, l'Empereur, pardon, celui qui régnait alors, faillit tomber au milieu d'un parti de cosaques, mon père lui sauva la vie. Dix minutes après, celui à qui mon père venait de sauver la vie, comprenant que tout était perdu pour lui, que d'un moment à l'autre, d'ailleurs, il pouvait tomber aux mains de l'ennemi, fit venir mon cousin, monsieur de Mégrigny, et lui ordonna, en sa qualité de chirurgien, de lui composer un poison assez subtil pour qu'il fût toujours maître de se donner la mort. Alors mon père se leva, s'approcha de lui, et en récompense de sa vie sauvée, lui demanda simplement une des deux bagues pleines de poison, jurant de mourir, non-seulement s'il mourait, mais même s'il cessait de régner.

LE PRÉFET. Vous avez raison, Mademoiselle, c'était même plus que du dévouement, c'était du fanatisme.

FRANCE. Vous savez, monsieur, dans quelle circonstance glorieuse pour lui mon père devint aveugle. Mais Paris était pris, l'empire croulait, mais Napoléon tombait avec lui. La cécité de mon père n'était donc pas le plus grand malheur dont nous fussions menacés; mon père avait fait le serment de ne pas survivre à la chute de son bienfaiteur; mon père n'avait jamais manqué à un serment, il fallait obtenir de lui qu'il trahît celui-là. C'est alors, Monsieur, que mon frère eut cette idée, de faire croire à mon père que Napoléon, de retour de Fontainebleau, était arrivé à temps, avait battu les alliés sous Paris, les avait repoussés au delà de la frontière, et était demeuré maître de la France et du trône. La chose était facile en raison du malheur qui lui était arrivé. Mon père est né à Grenoble, nous y avons conservé quelques amis qui devaient se prêter à cette pieuse ruse. On simula un brevet de l'Empereur qui, en récompense de ses services, nommait mon père commandant militaire du département. Nous l'emmenâmes ici, nous l'établîmes dans la maison où il est né et qui lui est moins étrangère que toute autre, car il la revoit avec les yeux du souvenir. Puis, établi ici, nous l'entourâmes, mon frère et moi, d'une espèce de cordon sanitaire qui ne laisse pénétrer jusqu'à lui aucun étranger. Tous les jours mon frère rédige la nouvelle que nous devons lui lire; le bulletin victorieux que Napoléon a envoyé d'un champ de bataille imaginaire, et mon père oublie tout, même qu'il ne nous voit plus, en songeant que son bienfaiteur, non-seulement n'est pas mort, non-seulement n'est pas prisonnier, mais encore est victorieux, tout-puissant, maître suprême des destinées de l'Europe. C'est un rêve, Monsieur, mais mon père vit par ce rêve, ne le tuez point par la réalité.

LE PRÉFET. Ainsi vous croyez, Mademoiselle, que si votre père, avec tous les ménagements possibles, apprenait la vérité...

FRANCE. Oh! Dieu m'est témoin, Monsieur, que je me suis plus d'une fois reproché notre mensonge comme une trahison, en songeant à ce qui arriverait si violemment ce second bandeau lui était arraché des yeux. Alors la vérité montait de mon cœur à mes lèvres. Mais aussitôt mes yeux se fixaient sur cette bague qu'il porte au doigt, sur cet anneau d'Annibal qui renferme la mort; et tant que je verrai cet anneau à sa main, je n'oserai rien lui dire.

LE PRÉFET. Ainsi voilà la vérité, Mademoiselle?

FRANCE. Oh! Monsieur, la vérité pure, entière. D'ailleurs, monsieur, le voici qui vient; par malheur, il ne peut s'apercevoir de votre présence; demeurez là, regardez, écoutez, et vous sortirez convaincu.

SCÈNE V.

LES MÊMES, BERTAUD, *appuyé sur le bras de* FORTUNÉ.

BERTAUD. Ah! mon bon Fortuné, tu dis donc que nous leur avons donné encore une frottée à Montmédy?

FORTUNÉ. Oui, oui, je tiens cela de monsieur Victor, qui l'a lu sur les papiers publics, et même que l'on a manqué de prendre ce brigand de Blücher. (*Apercevant le Préfet.*) Hein!

BERTAUD. Qu'y a-t-il?

FRANCE, *allant à lui*. Rien, mon père;

Fortuné me croyait au jardin, et en m'apercevant là il a été étonné, voilà tout.

BERTAUD. Et en te sachant là, je suis heureux, moi, voilà tout encore. Viens, mon enfant, viens.

FRANCE. Fortuné, mon père n'a plus besoin de toi puisque je suis là... va à tes affaires, va.

FORTUNÉ. Qu'est-ce que ce collet brodé-là vient donc faire ici? hum! cela nous portera malheur... c'est ma façon de penser... (*Il sort.*)

SCÈNE VI.

LES MÊMES, *moins* FORTUNÉ.

BERTAUD. Où est Victor?

FRANCE. Il a pris son fusil et est allé jusqu'à Sassenage, mon père.

BERTAUD. As-tu le journal?

FRANCE. Oui, mon père.

BERTAUD. Lis-moi les nouvelles de l'armée.

FRANCE *déplie le journal et montre au Préfet le papier préparé par Victor.* Les corps d'armée des maréchaux ducs de Trévise et de Raguse, renforcés d'une partie de l'armée de Lyon, commandés par sa majesté l'Empereur, ont rencontré hier, en avant de Montmédy, les corps d'armée du maréchal Blücher et du général Sacken; l'engagement commencé à sept heures du matin, a duré jusqu'à onze heures; à onze heures l'ennemi était en pleine déroute, laissait sur le champ de bataille deux mille hommes et entre nos mains six pièces de canon et douze cents prisonniers.

BERTAUD. Bon! et le bulletin? est-ce qu'il n'y a pas de bulletin?

FRANCE. Non, mon père, voilà tout... « L'Impératrice a assisté hier à la représentation de l'Opéra, et a été saluée à son entrée dans sa loge par les cris de vive l'Empereur! vive Marie-Louise! »

BERTAUD. Bien, merci, mon enfant, merci, ma petite Antigone. Regarde un peu l'injustice des historiens, ma chère enfant: tu auras fait pour moi plus peut-être que n'avait fait pour son père la fille d'Œdipe; et comme mon nom est un nom obscur, il entraînera ton nom dans mon obscurité. Que fais-tu?

FRANCE. Je regarde cette bague, mon père.

BERTAUD. Laisse, laisse, France; cette bague ne doit jamais quitter mon doigt.

FRANCE. O! mon père, si je vous la demandais bien, si je me mettais ainsi à vos genoux, si je vous disais: Père, je suis jalouse, jalouse de cette bague qui ne vous quitte jamais, tandis que moi, si assidue que je sois près de vous, je suis obligée de vous quitter douze heures au moins sur vingt-quatre. Père, donnez-moi cette bague.

BERTAUD. D'abord, mon enfant, je commence par te dire qu'il n'y a rien au monde dont tu doives être jalouse, attendu que je n'aime rien au monde autant que toi, attendu que quoiqu'il y ait plus d'un an que je ne t'ai vu, ton souvenir est à la fois là et là, et qu'au milieu de l'obscurité dans laquelle je marche, ton visage est le seul objet qui me soit resté visible et éclairé comme celui d'un ange. Demande-moi donc tout ce que tu voudras, mon enfant... mais ne me demande pas cette bague.

FRANCE. Et si cette bague est tout ce que je veux, mon père?

BERTAUD. Tu y renonceras, quand je te dirai que cette bague est un don de l'Empereur, et surtout quand au lieu de cette bague je te donnerai un objet bien autrement précieux.

FRANCE. Lequel, mon père?

BERTAUD. Tiens, prends ce médaillon. (*Il le tire de sa poitrine.*) C'est le portrait de ta mère; hélas! je ne puis plus le voir, moi. Seulement quand je le touche, je me rappelle cet autre ange qui est allé d'avance au ciel marquer la place que tu dois y occuper un jour. Prends-le et regarde-le souvent, toi qui peux le voir, afin qu'après avoir été bonne fille comme tu l'es, tu sois bonne mère comme elle l'a été. Prends et laisse-moi cette bague, mon enfant.

FRANCE. Mon père!

BERTAUD. Ramène-moi chez moi, France.

FRANCE. Voulez-vous permettre que je vous fasse reconduire par Fortuné? Il faut que je reste encore pendant quelques instants; dans cinq minutes je serai près de vous.

BERTAUD. Fais, mon enfant, fais!

FRANCE, *appelant.* Fortuné! (*Au préfet.*) Eh bien, monsieur?

LE PRÉFET. Vous êtes une sainte fille, mademoiselle. Laissez-moi parler à votre père. Je veux contribuer pour mon compte à votre sécurité, en m'associant à ce pieux mensonge.

BERTAUD. A qui parles-tu?

FRANCE. Mon père, c'est M. le préfet du département que Fortuné vient d'introduire, qui demande à vous parler.

BERTAUD. Fais entrer.

FRANCE. Il est là, mon père.

LE PRÉFET. Bonjour, colonel!

BERTAUD. M. le préfet!

LE PRÉFET. Vous ne trouverez pas mauvais, colonel, que chargé de l'administration civile du département, je désire m'entendre avec vous qui êtes chargé du commandement militaire.

BERTAUD. Au contraire, monsieur, et je suis heureux de cette démarche. Seulement vous comprenez, monsieur le préfet, l'Empereur a jugé à propos de récompenser mes services bien au delà de ce que je méritais... Je suis titulaire, voilà tout; mon infirmité...

LE PRÉFET. Infirmité glorieuse, monsieur.

BERTAUD. Mon infirmité m'interdit tout détail, c'est mon fils qui fait tout. Je signe les rapports qu'il me présente et je ratifie les ordres qu'il donne.

LE PRÉFET. Et c'est pour cela, monsieur, que je suis venu me mettre directement à votre disposition. La première cause d'un bon résultat, c'est l'homogénéité des moyens... En marchant de concert, colonel, l'administration civile en ira mieux et l'administration militaire n'en ira pas plus mal. Mais vous étiez levé, vous alliez rentrer chez vous, que je ne vous arrête pas. (*Fortuné paraît.*)

BERTAUD. Comment donc, monsieur le préfet !

LE PRÉFET. Je suis moi-même très-pressé, il faut que je donne des ordres relatifs à la Saint-Napoléon.

BERTAUD. Oui, c'est ce soir. Vous avez vu ma proclamation ?

LE PRÉFET. Qui invite à illuminer. Je l'ai vue.

BERTAUD. J'espère que la victoire de Montmédy sera un nouveau stimulant au patriotisme des braves Grenoblois. Nous sommes dans le pays de la liberté, monsieur, c'est ici qu'elle a pris naissance.

LE PRÉFET, *souriant*. Je m'en aperçois bien... (*A France.*) A votre tour, êtes-vous contente de moi, Mademoiselle ?

FRANCE. Merci, Monsieur ; vous avez fait plus que je n'eusse osé espérer.

LE PRÉFET. Colonel, à l'honneur de vous revoir.

BERTAUD. Monsieur le préfet ! (*Le préfet salue et sort.*)

FORTUNÉ. Qu'est-ce que cela veut dire ? Est-ce qu'il en est aussi, l'habit brodé ?

BERTAUD. Tu es là, Fortuné ?

FORTUNÉ. Présent, colonel.

BERTAUD. Eh bien, viens me donner le bras.

FRANCE. Inutile, mon père ; laissez-moi vous reconduire.

BERTAUD. Et ce que tu avais à faire ?

FRANCE. Je le ferai plus tard, mon père ; mais en ce moment j'aime mieux ne pas vous quitter.

BERTAUD. Tu as le médaillon ?

FRANCE. Là, sur mon cœur, où il restera toujours.

BERTAUD. Bien ! viens, mon enfant. (*Ils sortent.*)

SCÈNE VII.
FORTUNÉ *seul*, *puis* VICTOR.

FORTUNÉ. Ah ! oui, le médaillon de la mère, on connaît cela. Comment, diable, le colonel a-t-il fait pour le donner à sa fille ? Peste ! il faut qu'il l'aime bien.

VICTOR, *entrant par le perron du jardin*, Fortuné !

FORTUNÉ. Ah ! c'est vous, monsieur Victor ?

VICTOR. Dis-moi, que veut dire cela, le préfet ?...

FORTUNÉ. Eh ! mon Dieu, oui, monsieur Victor, il sort d'ici.

VICTOR. D'ici ! Et qu'y venait-il faire ?

FORTUNÉ. Ah ! voilà ! qu'y venait-il faire ? Pas grand'chose de mal à ce qu'il paraît, attendu qu'en sortant il a dit à votre sœur qu'elle était une sainte, ce qui est aussi ma façon de penser.

VICTOR. Et à mon père, a-t-il parlé à mon père ?

FORTUNÉ. Oui, il lui a dit qu'il allait donner ses ordres à propos de la Saint-Napoléon.

VICTOR. Comprends-tu quelque chose à cela, Fortuné?

FORTUNÉ. Non, mais votre sœur peut tout vous expliquer.

VICTOR. Sans doute, plus tard ; mais en ce moment-ci je n'ai pas le temps ; quelques amis doivent venir me rejoindre ici, je les attends.

FORTUNÉ. Vous savez que les réunions au-dessus de vingt et une personnes sont défendues.

VICTOR. Nous ne sommes que cinq ou six, D'ailleurs, nous ne conspirons pas, Fortuné.

FORTUNÉ. Vous ne conspirez pas, tant mieux ; d'ailleurs tout le monde est libre de garder son secret ; mais en tout cas si vous conspirez, prenez garde aux cocardes tricolores.. La cocarde tricolore, c'est leur cauchemar ; ils seraient capables de faire fusiller mon caniche s'ils le rencontraient dans la rue avec une cocarde tricolore pendue à l'oreille : pourquoi ça ? c'est qu'ils savent bien, voyez-vous, qu'elle reviendra un jour ou l'autre ; aussi j'ai la mienne, moi, cousue dans mon bonnet de police, et comme je couche avec, elle ne me quitte ni jour ni nuit.

VICTOR. C'est bien ! c'est bien ! Fortuné, tu apporteras de l'eau-de-vie, du rhum et des citrons; c'est une soirée de garçons, nous faisons du punch; ne parle à personne de cette petite débauche, pas à mon père surtout, encore moins à ma sœur.

FORTUNÉ. C'est dit. D'ailleurs vous êtes le second maître de la maison, et quand le premier est absent, libre en toute liberté, monsieur Victor, c'est ma façon de penser.

VICTOR. Ecoute, Fortuné.

FORTUNÉ. Présent.

VICTOR. J'attends les amis dont je t'ai parlé, par la porte du jardin. Comme cette porte donne sur une ruelle déserte et que notre maison est un peu suspecte, ils préfèrent entrer par là; ils frapperont trois coups ainsi, vois-tu : Pan! pan!... pan! Tiens-toi à la porte du jardin et ouvre. Ces messieurs arrivés, tu seras relevé de faction.

FORTUNÉ. Bien.

VICTOR. Alors tu nous apporteras le sucre, le rhum, les citrons, et comme nous n'aurons plus besoin de toi, eh bien! mon cher Fortuné, tu pourras aller te coucher. Attends, il me semble qu'on frappe. Oui, va ouvrir.

SCÈNE VIII.

VICTOR, *puis successivement les mêmes Officiers que l'on a vus au tableau d'Avignon avec Emmanuel*; *ils sont déguisés, les uns en chasseurs, les autres en muletiers.*

VICTOR. Cette visite du préfet m'inquiète; aussitôt que nos amis seront partis, je monterai chez ma sœur et je m'informerai! Ah! Voici quelqu'un.

LE COLONEL, *sur le perron.* Etes-vous seul, Victor?

VICTOR. Oui, ne craignez rien, vous pouvez entrer. Personne ne vous a vu?

LE COLONEL. Personne! Entrez, Messieurs.

VICTOR. Depuis quand êtes-vous ici?

LE COLONEL. Depuis hier matin; ces messieurs depuis ce soir.

FORTUNÉ. La garnison est entrée dans la place, n'est-ce pas, monsieur Victor?

VICTOR. Oui.

FORTUNÉ. Eh bien! voilà les citrons, le sucre, le rhum et tout le bataclan.

VICTOR. Merci, mon ami.

FORTUNÉ. Dites donc, monsieur Victor?

VICTOR. Eh bien!

FORTUNÉ. Je ne dis pas que vous conspiriez; mais n'importe, prenez garde de vous laisser prendre, hein!

VICTOR. Sois donc tranquille, mon ami! va! va!

FORTUNÉ. Vous comprenez, c'est ma façon de penser, à moi.

VICTOR. Parfaitement.

SCÈNE IX.

LES MÊMES, *moins* FORTUNÉ.

VICTOR. Nous voilà réunis, Messieurs; procédons vivement et sans perdre une seconde. Que chacun de nous dise ce qu'il a fait et nous verrons ce qui nous reste à faire.

LE GÉNÉRAL. J'ai vu le comte d'Erlon; vous savez qu'il commande la garnison de Lille; il s'engage à marcher sur Paris au premier signal. Il répond de ses hommes comme de lui-même.

LE COLONEL. Moi, je viens de Cambrai, j'ai vu le général Lefèvre Desnouettes qui commande les chasseurs royaux, c'est-à-dire les anciens chasseurs de la garde; il va s'entendre avec le comte d'Erlon, et feront leur jonction au jour convenu; en outre, je suis passé par La Fère, j'ai vu Lallemand, il répond de s'emparer de l'arsenal, et en revenant je me suis abouché avec le général Rigaud à Châlons; il attendra votre communication, général.

LE GÉNÉRAL. Et vous, Victor?

VICTOR. Moi, je me charge de soulever le département de l'Isère, tout entier. Il n'y a pas un paysan ayant touché un fusil qui ne soit à ma disposition.

LE GÉNÉRAL. Eh bien, moi, je vous donnerai des nouvelles : le roi est furieux Il y a tout un complot vendéen, une conspiration ultrà; il ne s'agit de rien moins que d'une Saint-Barthélemy bonapartiste.

LE COLONEL. Avez-vous vu le secrétaire d'Etat?

LE GÉNÉRAL. Oui.

TOUS. Eh bien, que pense-t-il?

LE GÉNÉRAL. Il pense que le moment est venu pour l'Empereur de faire une grande tentative.

VICTOR. Et vous a-t-il donné une lettre d'introduction auprès de l'Empereur?

LE GÉNÉRAL. Non; il m'a dit qu'un mot de lui saisi sur l'un de nous, c'était la mort. Mais au moment de quitter l'Empereur, l'Empereur, comme signe de reconnaissance, a déchiré en dix morceaux une lettre de l'impératrice Marie-Louise; chaque morceau est un talisman qui doit conquérir à celui qui le porte toute la confiance de l'illustre prisonnier. Un de ces précieux fragments m'a été confié et le voilà.

TOUS. Bien! bien!

LE GÉNÉRAL. Maintenant, qui va partir pour l'île d'Elbe?

TOUS. Moi! moi! moi!

LE GÉNÉRAL. Pardon, Messieurs; nous

sommes tous si dévoués à l'Empereur, que le choix d'un de nous serait une injure pour les autres; d'ailleurs mon avis est que dans les grandes circonstances, il faut faire la part de la fortune, mettons nos six noms dans un chapeau, celui dont le nom sortira sera notre messager.

TOUS. Très-bien.

LE GÉNÉRAL. Est-ce adopté?

TOUS. Parfaitement.

LE GÉNÉRAL. Écrivons, Messieurs. (*Chacun écrit, chacun apporte son bulletin plié que l'on met dans un chapeau.*) Qui va tirer?

VICTOR. Messieurs, voulez-vous que ce soit un homme complétement étranger à notre association? le vieux soldat qui vous a introduits par exemple.

LE GÉNÉRAL. A merveille!

TOUS. Oui! oui! oui!

VICTOR. Fortuné! Fortuné!

SCÈNE X.
LES MÊMES, FORTUNÉ.

FORTUNÉ. Dites donc, j'ai bien fait de ne pas profiter de la permission d'aller me coucher, que vous m'aviez donnée tout à l'heure, monsieur Victor.

VICTOR. Oui, mon ami; approche, mets ta main dans ce chapeau et tire un billet, c'est une loterie.

FORTUNÉ. Il paraît que je joue le rôle de l'Amour, voillà!

LE GÉNÉRAL. Donne. (*Il ouvre*) Victor Bertaud!

FORTUNÉ. Ah! vous avez gagné le gros lot, mon lieutenant.

VICTOR. Merci, Fortuné, merci, Messieurs.

LE GÉNÉRAL. Avez-vous besoin d'argent, Victor?

VICTOR. Non, général, j'ai tout ce qu'il faut.

LE CONSEILLER. Même un passe-port?

VICTOR. J'ai un passe-port pour Turin, une fois à Turin, je ne suis pas inquiet.

LE GÉNÉRAL. Allons, mon cher, bonne chance.

TOUS. Bonne chance, mon cher Victor! (*On l'embrasse.*)

VICTOR. Je ferai de mon mieux, Messieurs, soyez tranquilles. Fortuné, reconduis ces messieurs; dans deux heures je pars.

LE GÉNÉRAL. Dieu vous conduise! (*Ils sortent.*)

SCÈNE XI.
VICTOR, seul.

Merci, ma belle courtisane qu'on appelle la Fortune, et qui, cette fois, je l'espère, as aimé un homme digne de toi. L'Empereur! voir l'Empereur, lui porter les vœux de tout un peuple! de toute une nation! être l'intermédiaire entre la France et lui, et si jamais il remet le pied sur le trône, la main sur le sceptre me dire, me dire que c'est moi qui l'aurai entraîné à faire ce pas vers l'avenir, à écrire cette grande page pour l'histoire. Oh! que je réussisse ou que je meure, mon nom, le nom de mon père ne sera donc pas un nom perdu pour la postérité. Maintenant un mot à ma sœur, à ma pauvre France. Une plume, de l'encre, du papier.

SCÈNE XII.
VICTOR, FRANCE.

VICTOR, *écrivant*. « Ma chère France, je pars; ne me demande pas où je vais, je vais prendre ma part d'une grande œuvre. Je ne sais si tu me reverras, mais que tu me revoies ou non, à partir de ce moment, la France notre mère bien-aimée sera fière de me compter au nombre de ses enfants. Je te recommande notre père. Ton frère, VICTOR. »

FRANCE, *qui s'est avancée et qui a lu par-dessus l'épaule de Victor*. Donne, frère.

VICTOR. Tu étais là?

FRANCE. Oui, j'ai vu entrer des hommes déguisés par cette porte, j'étais inquiète, je suis descendue; je ne te demande pas ce que tu vas faire, je ne te demande pas où tu vas. Je te dis: Frère, sois prudent; frère, conserve-toi pour ta sœur et pour ton père.

VICTOR. Chère France, écoute : je vois que tu es digne de tout savoir, je vois que tu es d'une race antique. France, je ne veux pas avoir de secret pour toi. Cette nuit je pars pour l'île d'Elbe.

FORTUNÉ, *qui est entré*. Pour l'île d'Elbe!

VICTOR. Ah! tu as entendu, toi?

FORTUNÉ. Ne faites pas attention, M. Victor, c'est tombé dans un puits; seulement, prenez garde à ce que je vous disais, ne vous laissez pas prendre.

VICTOR. Je ferai de mon mieux, sois tranquille. En tout cas le jeu vaut bien la mise. Viens, ma sœur. (*Il sort avec France.*)

FORTUNÉ (*montrant le sucre, les citrons et la bouteille de rhum restés intacts.*) Il appelle cela une débauche! Je m'en charge.

Neuvième Tableau.
LA PLATE-FORME DE L'ILE D'ELBE.

L'EMPEREUR, LE CAPITAINE CAMPBELL.

L'EMPEREUR, *discutant*. Oui, certes, Monsieur, l'Angleterre est une grande nation, et la preuve, c'est que ma politique éternelle, celle à qui je dois d'être ici, a été de vouloir la ruiner. Mais la France, croyez-moi, a dans l'avenir une mission bien autrement providentielle que l'Angleterre.

CAMPBELL. Providentielle! Sire, et pourquoi Dieu alors, malgré l'exergue de vos pièces de cinq francs, protége-t-il si mal la France à l'endroit de l'Angleterre? Pourquoi n'avez-vous que Taillebourg et Fontenoy à opposer à...?

L'EMPEREUR. Oh! dites hardiment, Monsieur, à Poitiers, à Crécy, à Azincourt, à Aboukir, et à Trafalgar.

CAMPBELL. C'est vous, Sire, qui avez prononcé ces cinq noms de batailles.

L'EMPEREUR. Oui, et ces cinq noms de batailles résument toute notre histoire. Ces cinq mots expriment chacun une de ces défaites dont on croit qu'un pays ne se relèvera jamais, une de ces blessures par lesquelles on croit qu'un peuple va perdre tout son sang, et cependant, Monsieur, la France s'est toujours relevée, et cependant le sang est rentré dans les veines de son robuste peuple. L'Anglais nous a toujours vaincus, mais nous l'avons toujours chassé; Jeanne d'Arc a reconquis à Orléans la couronne que Henri VI avait déjà posée sur sa tête, et moi, avec l'épée de Marengo et d'Austerlitz, j'ai, à Amiens, gratté les fleurs de lys dont s'écartelait depuis quatre cents ans le blason de Georges IV. Il est vrai que les Anglais ont brûlé Jeanne d'Arc à Rouen; il est vrai que les Anglais, s'il faut en croire certains bruits, qui transpirent au congrès de Vienne et qui arrivent jusqu'à moi, me réservent encore pis. Mais qu'ils y prennent garde! les Français ont fait de Jeanne d'Arc une sainte, il ne me manque que le martyre pour qu'ils fassent de moi un Dieu.

CAMPBELL. Sire, en vous faisant immortel d'avance, vous leur avez épargné les trois quarts de la besogne.

L'EMPEREUR, *souriant*. C'est ma faute, capitaine; je vous avais donné la réplique, comme dit mon ami Talma. Maintenant, d'où vient cette haine qui attaque sans cesse, d'où vient cette force qui repousse éternellement? d'où vient ce flux qui depuis cinq siècles apporte l'Angleterre chez nous, et ce reflux qui depuis cinq siècles la reporte chez elle? Ne serait-ce pas, dites-moi, Monsieur, que dans l'équilibre des mondes, elle représenterait la force et nous la pensée, elle le fait, et nous l'idée? Tenez, Monsieur, je vais vous matérialiser mes paroles : autrefois, aux deux côtés de la Méditerranée, existaient deux peuples personnifiés par deux villes; d'ici l'on pourrait voir la place où est l'une et la place où fut l'autre. Elles se regardaient comme des deux côtés de l'Océan se regardent la France et l'Angleterre; ces deux villes, c'était Rome et Carthage. Aux yeux du monde, à cette époque, elles ne représentaient que deux idées matérielles : l'une le commerce, l'autre l'agriculture; l'une le vaisseau, l'autre la charrue. Après une lutte de deux siècles, après Trébie, Cannes et Trasimène, ces Crécy, ces Poitiers, ces Azincourt de Rome, Carthage fut anéantie à Zama, et la charrue, victorieuse du vaisseau, passa sur la cité de Didon, et le sel fut semé dans les sillons de la charrue, et les malédictions infernales furent suspendues sur la tête de quiconque essayerait de rééditier ce qui venait d'être détruit. Pourquoi fut-ce Carthage qui succomba et non point Rome? Est-ce parce que Scipion fut plus grand qu'Annibal? Non, au contraire, le vainqueur disparaît tout entier dans l'ombre du vaincu; non, c'est que la pensée était avec Rome, c'est qu'elle portait d'avance dans ses flancs féconds la parole du Christ, c'est-à-dire la civilisation du monde. C'est qu'elle était, comme phare, aussi nécessaire aux siècles écoulés, que l'est la France aux siècles à venir. Voilà pourquoi la France n'a pas été engloutie à Aboukir et à Trafalgar. C'est que la France catholique, c'est Rome; c'est que l'Angleterre protestante n'est que Carthage. L'Angleterre peut disparaître de la surface du monde, et le monde sur lequel elle pèse battra des mains; mais que la lumière qui brille aux mains de la France, tantôt torche, tantôt flambeau, s'éteigne, et le monde tout entier poussera, dans les ténèbres, un long cri d'agonie et de désespoir.

CAMPBELL. En attendant, Sire, l'Angleterre s'étend et la France diminue.

L'EMPEREUR. Et croyez-vous, monsieur, que la force soit toujours en raison de l'étendue? Écoutez, j'ai repoussé, et cela inconsidérément, j'en ai bien peur, la découverte d'un de vos compatriotes nommé Fulton; il m'apportait la foudre dans sa main, mieux que la foudre, la vapeur. Mes savants ont décidé que c'était un fou! la postérité cassera peut-être ce jugement. En attendant, savez-vous ce que prétendait cet homme? c'est qu'avec un seul chariot chargé de vapeur il pouvait traîner vingt, trente, soixante chariots chargés d'hommes, chargés de pierres, chargés de plomb, et, malgré eux, malgré leur inertie, les conduire où il voudrait; il appelait ce premier chariot, plus fort à lui seul que les cent autres parce qu'il renfermait le feu divin, une locomotive. Eh bien! monsieur, comprenez-vous ce que vous faites de la France en lui enlevant ses colonies d'Amérique, ses colonies de l'Inde, ses frontières du Rhin, ses limites de la Savoie? vous la chargez de vapeur, vous la lancez à la tête des autres peuples, vous en faites la locomotive qui conduira le monde à la liberté! Hein, qu'y a-t-il? que me veut-on?

SCÈNE II.
Les mêmes, LE GRAND MARÉCHAL.

LE GRAND MARÉCHAL. Puis-je dire deux mots à Votre Majesté?

CAMPBELL. Sire, permettez.... (*Il s'éloigne.*)

L'EMPEREUR. Je vous garde à dîner, capitaine.

CAMPBELL. Je serai aux ordres de Votre Majesté, quoiqu'elle traite bien mal ma pauvre Angleterre.

L'EMPEREUR. Le plaideur qui a perdu son procès a trois jours pour maudire ses juges; le procès que j'ai perdu a été assez long pour que vous m'accordiez un an.

CAMPBELL. Et après un an?

L'EMPEREUR. Qui sait? peut-être interjetterai-je appel. Allez, monsieur, allez.

SCÈNE III.
L'EMPEREUR, LE GRAND MARÉCHAL.

LE MARÉCHAL. Sire, il y a qu'un jeune homme déguisé en matelot vient de descendre à l'auberge, et s'occupait à changer de costume lorsqu'on est entré dans sa chambre pour lui demander le but de son voyage; il a répondu qu'il venait pour voir Sa Majesté, et a donné son nom, qui est en effet celui d'un des plus braves officiers de l'Empereur.

L'EMPEREUR. Et il se nomme?

LE MARÉCHAL. Victor Bertaud.

L'EMPEREUR. Très-bien, je me rappelle; j'ai même près de moi un de ses cousins, notre chirurgien major, monsieur de Mégrigny, et vous dites qu'il demande à me voir?

LE MARÉCHAL. On l'a amené, Sire, sans même lui donner le temps de changer de costume.

L'EMPEREUR. Faites-le venir.

LE MARÉCHAL. Le voilà, Sire.

SCÈNE IV.
L'EMPEREUR, VICTOR.

L'EMPEREUR. Approchez, Monsieur.

VICTOR. Sire.

L'EMPEREUR. Vous venez de France?

VICTOR. Oui, Sire.

L'EMPEREUR. M'apportez-vous des nouvelles?

VICTOR. Oui, Sire, et je les crois bonnes.

L'EMPEREUR. Vous vous nommez?

VICTOR. Victor Bertaud, Sire.

L'EMPEREUR. Vous êtes le parent du colonel Bertaud?

VICTOR. Je suis son fils.

L'EMPEREUR. Vous êtes le fils d'un brave et loyal soldat, Monsieur. Si j'en avais eu seulement dix comme lui autour de moi, les choses se seraient passées autrement.

VICTOR. Oh! rien n'est perdu, Sire.

L'EMPEREUR. Vraiment!

VICTOR. Au contraire.

L'EMPEREUR. Vous n'avez vu personne avant de quitter Paris, Monsieur? vous ne m'apportez aucun signe de reconnaissance.

VICTOR. Voici ma réponse, Sire. (*Il lui présente une lettre.*)

L'EMPEREUR. Un fragment de lettre de l'impératrice. Soyez le bien venu. Vous avez donc vu le secrétaire d'État?

VICTOR. Non, Sire, mais il juge que tout est prêt en France pour le retour de Votre Majesté et il vous envoie ce signe.

L'EMPEREUR. Eh bien, alors, parlez à Votre aise, Monsieur.

VICTOR. Sire, l'honneur que me fait votre Majesté de m'admettre en sa présence est si grand qu'il me trouble et que j'aimerais mieux d'abord que Sa Majesté m'interrogeât; je répondrais.

L'EMPEREUR. Est-il vrai que l'on soit mécontent en France?

VICTOR. Oh! Sire, c'est depuis que votre majesté ne commande plus aux Français qu'ils semblent comprendre tout ce qu'ils ont perdu!

L'EMPEREUR. Oui, car lorsque je régnais on me condamnait, tandis qu'aujourd'hui l'on me juge. Les lois de la perspective ne sont pas les mêmes pour tous les hommes; je suis de ceux qui grandissent en s'éloignant, et puis j'ai été indignement calomnié; mes ennemis ont publié partout que je m'étais refusé opiniâtrement la paix; ils m'ont représenté comme un misérable fou, avide de sang et de carnage. Mais l'Europe connaîtra la vérité, je lui apprendrai tout ce qui s'est dit, tout ce qui s'est passé à Vienne. Je démasquerai d'une main vigoureuse les Anglais, les Russes et les Autrichiens. L'Europe prononcera, elle dira de quel côté fut la fourberie, l'envie de verser le sang. Si j'avais été possédé de la rage des batailles, j'aurais pu me retirer avec mon armée au delà de la Loire et savourer à mon aise la guerre des montagnes. Je ne l'ai point voulu, j'étais las de massacres; mon nom et les braves qui m'étaient restés fidèles, faisaient trembler les alliés jusque dans la capitale ; ils m'ont offert l'Italie pour prix de mon abdication, je l'ai refusée. Quand on a régné sur la France, on ne doit pas régner ailleurs.

L'EMPEREUR. Voyons, et mes soldats, que disent-ils de moi, eux ?

VICTOR. Sire, ils s'entretiennent sans cesse de vos immortelles victoires. Ils ne prononcent jamais votre nom, qu'avec admiration et douleur. Lorsque les princes leur donnent de l'argent, ils boivent à votre santé, et lorsqu'on les force à crier : vive le roi ! ils ajoutent tout bas, de Rome.

L'EMPEREUR. Ils m'aiment donc toujours ?

VICTOR. Plus que jamais.

L'EMPEREUR. Que disent-ils de nos malheurs?

VICTOR. Ils les regardent comme l'effet de la trahison; ils disent que vous n'avez pas été vaincu, mais trahi.

L'EMPEREUR. Ils ont raison. Si Paris tenait un jour de plus seulement, les alliés étaient perdus. Je les avais isolés de leur matériel, j'étais maître de toutes leurs ressources de guerre, il n'en serait pas échappé un seul. Eux aussi eussent eu leur 29e bulletin. J'avais chez moi l'Europe entière. Ah ! elle ne m'aurait jamais fait la loi si la France ne m'eût pas laissé seul contre le monde entier.

VICTOR. Il n'en serait point ainsi aujourd'hui, Sire. Aujourd'hui la France sait ce qu'elle vaut ; si on l'attaque elle triomphera comme elle a triomphé aux belles époques de la Révolution, car vos malheurs lui ont appris que les armées ne suffisent point pour sauver une nation, tandis qu'une nation qui se lève tout entière est toujours invincible.

L'EMPEREUR. L'opinion que je m'étais formée de la France est exacte, je le vois. Et Bassano, dites-vous, est d'avis que cela ne peut durer longtemps ?

VICTOR. Oui, Sire, son opinion sur ce point est conforme à l'opinion générale. On ajoute même qu'à la première tentative de votre part...

L'EMPEREUR, *vivement*. La France me recevrait en libérateur?

VICTOR. Je vous en réponds, Sire.

L'EMPEREUR. Me donneriez-vous le conseil d'y rentrer, Monsieur?

VICTOR. Sire, je suis presque un enfant... et n'oserais émettre une opinion en pareille matière... mais je ne craindrais pas de dire à votre majesté que je viens mettre à ses pieds au nom de nos généraux et de nos colonels les plus connus l'expression d'un désir unanime, universel, immense... le désir de son retour.

L'EMPEREUR. Vous avez raison; quand ils entendront tonner mon nom ils auront peur. Je ferai arborer à mes grenadiers la cocarde tricolore. Je ferai un appel aux souvenirs de ceux que l'on enverra contre moi. L'armée n'hésitera pas à m'accueillir, car je l'ai couverte de gloire, Allons, allons, je n'hésite plus. Partez, retournez en France. Voyez nos amis: dites-leur d'entretenir, de fortifier par tous les moyens possibles le bon esprit du peuple et de l'armée.

VICTOR. Comment partirai-je, Sire?

L'EMPEREUR. Un de mes petits bâtiments met à la voile; il va à Naples, partez avec lui. Votre père est à Grenoble?

VICTOR. Oui, Sire.

L'EMPEREUR. C'est mon chemin pour aller à Paris. Avant le quinze avril, je lui serre la main. Vous vous souvenez bien de tout ce que je vous ai dit?

VICTOR. Oh! je n'ai point perdu une seule des paroles de Votre Majesté, et depuis la dernière toutes sont gravées dans ma mémoire.

L'EMPEREUR. Je vais préparer vos lettres. Retrouvez-vous ici à neuf heures sur cette terrasse. C'est aujourd'hui la fête de l'île. Je donne bal et feu d'artifice. Au revoir, Monsieur, au revoir... Je vais donner l'ordre qu'on vous envoie M. de Mégrigny : au reste, à qui que ce soit, pas un mot du but de votre voyage.

VICTOR. J'obéirai, Sire. (*L'Empereur sort.*)

SCÈNE V.

VICTOR *seul, puis* **EMMANUEL.**

VICTOR. Oh ! l'Empereur m'a parlé ! Je l'ai donc vu !.. je lui ai donc parlé !.. C'est à moi... pauvre enfant, misérable atôme perdu dans la foule, qu'il a dit ce qu'il vient de dire?.. Oh! non, ce n'est pas à moi, c'est à lui-même, c'est à sa pensée qu'il répondait, c'est au génie invisible qui marche à ses côtés, c'est à la voix d'en haut qui bourdonne à son oreille. C'est donc ici, sur cette parcelle de terre, avec quelques serviteurs fidèles, que respire cet homme qui naguère trouvait qu'il étouffait en Europe, qui habitait les palais des Césars, entouré des hommages et des adorations de la plus belle cour du monde, la tête couverte au milieu de huit rois se tenant respectueusement devant lui, chapeau bas. — Oh ! que je comprends aussi bien l'enthousiasme de ces hommes qui mouraient pour lui... que je comprends le fanatisme de mon père.

EMMANUEL, *paraissant sur la terrasse.* Victor! Victor!

VICTOR. Emmanuel!

EMMANUEL. Mon frère, mon cher Victor! Et le colonel?

VICTOR. Il se porte à merveille.

EMMANUEL. France?

VICTOR. Elle attend.

EMMANUEL. Chère bien-aimée. Ah! si elle savait que de toute la France c'est elle seule que je regrette!

VICTOR. Elle s'en doute bien.

EMMANUEL. Mais comment es-tu venu? comment t'es-tu procuré un passe-port? Tu as dû éprouver mille difficultés?

VICTOR. Je suis venu par Turin, la Spezzia, Livourne; et comme je n'avais pas de passe-port à la Spezzia, j'ai pris la place et le costume d'un matelot qui est resté à terre.

EMMANUEL. Et le but de ton voyage?

VICTOR. Me mettre à la disposition de l'Empereur, prendre du service auprès de lui si par hasard il avait besoin de moi.

EMMANUEL. Tu l'as vu. Que t'a-t-il dit?

VICTOR. Il m'a dit d'attendre ses ordres sur cette terrasse.

SCÈNE VI.

LES MÊMES, CATHERINE, LES SOLDATS.

CATHERINE. Dites donc, monsieur Victor, est-ce qu'on ne peut pas aussi vous dire un petit mot?

VICTOR. Ah! Catherine, je crois bien.

VICTOR. Es-tu contente, Catherine?

CATHERINE. Oui, monsieur Victor, autant qu'on peut être contente quand on est veuve sans avoir été femme! Quoiqu'il y ait toujours quelque chose là, voyez-vous, dans mon pauvre cœur, qui me dise que je le reverrai un jour. Ah! si j'avais ici mon pauvre Jean Leroux qui a été tué à Leipsick, si je savais que mon frère Fortuné se porte bien, certainement que je serais heureuse, parce que voyez-vous, tout autour de moi j'ai de bons amis qui m'aiment bien, et puis jamais l'Empereur ne passe près de moi sans me parler, sans me faire un petit signe de reconnaissance; il se rappelle Saint-Dizier, le drapeau autrichien, la mort du pauvre père. Allons, allons, ne parlons plus de tout cela, je vous vois alerte, bien portant, gai, donc mademoiselle France, donc le colonel, donc Fortuné lui-même, tout cela va bien?

VICTOR. Oui, Catherine, tout cela va bien, et tout cela pense à toi aussi.

CATHERINE. Et puis, j'ai retrouvé un brave garçon nommé Lorrain, de la compagnie de Jean Leroux, et qui était près de lui quand il est tombé frappé d'une balle. Eh bien! pauvre garçon! c'est à moi qu'il a pensé en tombant; il a dit : Si tu rentres jamais en France, Lorrain, si tu passes par Saint-Dizier demande à voir une pauvre fille qu'on appelait Catherine Michelin, et tu lui diras... que je n'ai qu'un regret, c'est de n'avoir pas eu le temps de l'épouser. Puis, comme il fallait battre en retraite, Lorrain l'a laissé là; mais ce qui me donne de l'espoir, c'est qu'il n'était pas mort quand ils se sont dit : adieu!

SCÈNE VII.

LES MÊMES, L'EMPEREUR, LES HABITANTS DE L'ÎLE, ÉTAT-MAJOR.

L'EMPEREUR. Merci, mes amis. (*A Victor.*) Voici vos lettres, Monsieur; votre bâtiment appareille. Partez, partez (*Victor baise la main de l'Empereur et sort.*) Que la fête commence!

BALLET.

SCÈNE VIII.

L'EMPEREUR, LORRAIN, *au fond.* (*L'Empereur sur la terrasse se détachant en vigueur sur le fond éclairé par le feu d'artifice.*)

L'EMPEREUR. Allons, Messieurs, au feu d'artifice.

LORRAIN. Pardon, excuse, Sire.

L'EMPEREUR. Qu'y a-t-il?

LORRAIN. Sire, c'est aujourd'hui la fête de l'île d'Elbe, et par conséquent un peu aussi celle de Votre Majesté. Nous avons donc eu une idée... c'est de faire un petit cadeau à notre empereur.

L'EMPEREUR. Vous... un cadeau... mes enfants...

LORRAIN. Oui, Sire, et qui ne vous déplaira pas, je le présume du moins... Attention, vous autres. (*On entend battre les tambours, les deux files paraissent et se rangent en bataille, un vieux chevronné tient un drapeau dans le milieu duquel est le portrait du roi de Rome.*)

LORRAIN. Portez armes! présentez armes! (*On bat aux champs. — Musique militaire. — On découvre le portrait.*)

TOUS. Vive le roi de Rome!

L'EMPEREUR. Mon fils... mes amis!... oh! vous avez raison, le cadeau est grand et digne de vous. Mais comment avez vous fait?

LORRAIN. Nous avons écrit à monsieur de Talleyrand qui est au congrès de Vienne !

L'EMPEREUR. Mon fils... mon fils... (*A Victor.*) Je te rendrai le trône de France !... (*Cris.*) Vive l'Empereur.

ACTE QUATRIEME.

Dixième Tableau.

UN SALON.

SCÈNE PREMIÈRE.

LE PRÉFET, *entrant introduit par* FORTUNÉ, *puis* FRANCE.

LE PRÉFET. C'est bien, mon ami, c'est bien ; préviens seulement la fille du colonel que j'ai deux mots à lui dire.

FRANCE. Me voici, Monsieur. Je vous ai vu entrer, et j'accours.

FORTUNÉ, *à part*. Je vais avertir monsieur Victor que le collet brodé est ici.

SCÈNE II.

FRANCE, LE PRÉFET.

FRANCE. Pardon, Monsieur, mais à l'honneur que nous fait votre visite, se mêle toujours, jusqu'à ce que vous nous ayez rassurés, une certaine inquiétude.

LE PRÉFET. Et vous avez tort, Mademoiselle, car, je puis vous le dire, votre dévoûment filial vous a fait de moi un ami.

FRANCE. Monsieur...

LE PRÉFET. Et je viens vous donner une preuve de ce que j'avance, preuve irrécusable, Mademoiselle, car, si ce que je vais vous dire ne restait pas entre nous, je serais gravement compromis.

FRANCE. C'est mon silence que vous venez réclamer ?

LE PRÉFET. Et j'ai le droit de le demander, de l'exiger, même, en échange de services que je viens vous rendre.

FRANCE. Parlez, Monsieur.

LE PRÉFET. Vous savez le motif de ma dernière visite ?

FRANCE. Oui, Monsieur, et je croyais vous avoir laissé convaincu.

LE PRÉFET. De l'ignorance et de la bonne foi du colonel, oui, Mademoiselle ; je n'ai, à ce sujet conservé aucun doute, mais...

FRANCE. Mais ?...

LE PRÉFET. Mais il n'en est pas ainsi à l'égard de votre frère.

FRANCE. De Victor ?

LE PRÉFET. De monsieur Victor, oui.

FRANCE. Mon Dieu ! vous m'effrayez, Monsieur, quoique nous n'ayons aucun motif...

LE PRÉFET. Votre frère a fait un voyage ?

FRANCE. Oui, Monsieur.

LE PRÉFET. Un voyage de deux mois.

FRANCE. De deux mois, oui.

LE PRÉFET. Il est parti pour ce voyage le jour même où je suis venu vous faire ma visite.

FRANCE. Je ne me rappelle plus... je crois...

LE PRÉFET. J'en suis sûr, il est revenu il y a un mois.

FRANCE. Oui.

LE PRÉFET. Eh bien, un rapport m'a été fait de ce voyage, on m'a assuré que votre frère avait été chargé d'un message pour le roi de Naples.

FRANCE. Oh ! monsieur, je vous jure...

LE PRÉFET. Mademoiselle, j'ai l'honneur de vous le dire pour la seconde fois, ce n'est pas le préfet qui vient chez vous, c'est un ami qui craint pour votre famille. Tant que le préfet ne sera pas forcé de voir, il sera plus aveugle que le colonel ; mais songez-y bien, Mademoiselle, cet aveuglement poussé trop loin deviendrait de la trahison.

FRANCE. Enfin, Monsieur, que voulez-vous, que désirez-vous ? hélas ! je ne sais comment dire.

LE PRÉFET. Ce que je veux, ce que je désire, Mademoiselle, c'est que monsieur votre frère se tienne pour averti que sa conduite est suspecte, c'est qu'il sache que des dénonciations sont arrivées contre lui. Je sais bien qu'il faut mépriser les dénonciations, et vous voyez que je fais plus que les mépriser puisque je dénonce les dénonciateurs ; mais si ces mêmes dénonciations ont été faites à Paris, si... si... je reçois un ordre, quelle que soit sa portée il faudra que je l'exécute. Une fois arrêté, votre frère ne m'appartient plus, il appartient à la loi ; les tribunaux sont sévères dans nos temps de guerre civile... et...

FRANCE. Monsieur, oh ! je le reconnais, votre conduite vis-à-vis de nous est bien celle d'un ami. Eh bien, ce n'est pas tout ; nous ayant dit le danger vous devez nous indiquer le moyen de nous y soustraire. Mon frère arrêté ! Victor devant un conseil de guerre ! en vérité vous me rendez folle de terreur. Que faut-il qu'il fasse ? que faut-il que nous fassions ? dites, dites.

LE PRÉFET. Je vous le répète, je n'ai reçu aucun ordre officiel ; si j'en eusse reçu, je serais forcé d'y obéir. Eh bien, dans la liberté d'action où je suis encore, le conseil que j'ai à donner à votre frère, conseil d'ami, conseil de père, c'est... c'est de partir à l'instant même, sans attendre la nuit, de quitter Grenoble; il n'y a pas loin d'ici au pont de Beauvoisin et il connaît la route.

FRANCE. Monsieur...

LE PRÉFET. Songez que je ne puis rien dire, et que par conséquent je n'ai rien dit, que c'est vous, vous seule, dans votre sollicitude fraternelle, qui lui donnez cet avis; songez...

FRANCE. Silence, Monsieur, silence.

SCÈNE III.
LES MÊMES, LE COLONEL *entrant à tâtons, une canne à la main.*

LE COLONEL. France!

LE PRÉFET. Je me retire.

FRANCE. Mon père?

LE COLONEL. Tu causais avec monsieur le Préfet?

FRANCE. Moi! qui vous a dit cela?

LE COLONEL. J'ai reconnu sa voix. Tu sais bien que par la bonté de la Providence, les autres sens héritent du sens que l'on a perdu; j'ai reconnu la voix de monsieur le préfet. Où êtes-vous, Monsieur?

LE PRÉFET. Me voici, colonel.

LE COLONEL. Oh! je le savais bien. (*A France.*) Embrasse-moi, mon enfant, et laisse-nous.

FRANCE. Que je vous laisse. Et pourquoi, mon père?

LE COLONEL. Mais parce que j'ai à parler d'affaires avec monsieur. Qu'y a-t-il d'étonnant à ce qu'un gouverneur militaire et un préfet confèrent ensemble sur les choses du département? Va, ma fille, va.

FRANCE. Je me retire, mon père, puisque vous le voulez. (*Au Préfet.*) Permettez-moi de rester, je suis trop inquiète. (*Il fait un signe d'assentiment; France va à la porte, l'ouvre, la referme, mais reste en scène.*)

LE COLONEL. J'allais vous faire prier de passer, monsieur le préfet.

LE PRÉFET. Moi, Monsieur?

LE COLONEL. Oui; j'abuse de mon infirmité, n'est-ce pas? Eh! je voudrais bien pouvoir aller chez vous, moi; mais revenons à ce que j'avais à vous dire. Comment, Sa Majesté l'Empereur va visiter notre département, et je n'en sais rien! l'Empereur doit venir à Grenoble, et je n'en suis pas prévenu!

LE PRÉFET. L'Empereur?

FRANCE. Mon Dieu!

LE COLONEL. Oui, c'était une surprise que l'on voulait me faire. Oh! j'ai de mauvais yeux, mais j'ai de bonnes oreilles; je ne vois pas, mais j'entends.

LE PRÉFET. Vous entendez?

FRANCE. Qu'a-t-il entendu?

LE COLONEL. Hier, Victor, Victor causait avec sa sœur et ne me voyait pas.

LE PRÉFET. Pardon, colonel; mais ce que disait M. Victor à sa sœur était peut-être un secret, et je n'ai pas le droit, moi étranger...

LE COLONEL. C'était un secret, mais un secret que nous devons savoir l'un et l'autre, vous comme officier civil, moi comme commandant militaire. Eh bien! Victor disait à sa sœur que le printemps ne se passerait pas sans que l'Empereur fût ici... ici, à Grenoble.

FRANCE. Mon père!

LE COLONEL. Ah! tu es là, toi? On me désobéit donc sous prétexte que je n'y vois pas? Vas-tu me dire que j'ai mal entendu?

FRANCE. Oui, oui, vous avez mal entendu, mon père; car ce que disait Victor, ce n'était qu'une probabilité, moins qu'une probabilité, une supposition; mon frère supposait...

LE COLONEL. Il ne supposait pas, Mademoiselle, il disait: J'ai vu l'Empereur, et l'Empereur m'a dit...

FRANCE. Mon père! oh! silence! au nom du ciel! Monsieur le préfet!

LE PRÉFET. Je le disais bien, Mademoiselle, que c'était un secret, un secret très-grave, et qui, par conséquent, doit rester dans la famille. Quant à moi, qui l'ai surpris sans vouloir le surprendre, je vous déclare, Mademoiselle, que c'est comme si je ne le connaissais pas. Au revoir, Mademoiselle; adieu, colonel.

SCÈNE IV.
LE COLONEL, FRANCE. (*Elle court à une table et écrit.*)

LE COLONEL. Eh bien! qu'a-t-il donc, notre préfet? Ah! oui, je comprends; il ne savait pas non plus cette résolution de l'Empereur, de traverser le Dauphiné à son retour de la campagne, et je lui ai lâché ça comme un coup de pistolet à bout portant. Eh bien, où es-tu donc, France? Tu écris, je crois, à qui?

FRANCE. Non, mon père, je n'écris pas.

LE COLONEL. J'ai entendu crier la plume sur le papier.

FRANCE. Vous vous êtes trompé, mon père. (*Elle donne la lettre à Fortuné, qui paraît faire signe que oui, et sort.*)

LE COLONEL. C'est possible, mais je ne me trompe pas quand je crois m'apercevoir qu'il se passe ici quelque chose d'étrange; ta voix est émue; tiens, ta main tremble.

FRANCE. Oui, je songe à quel point va être désespéré Victor ; il voulait vous cacher cette nouvelle, du passage de l'Empereur à Grenoble. C'était un secret que l'Empereur l'avait prié de garder.

LE COLONEL. Et pense-t-il que je garderai ce secret moins bien que toi? Pense-t-il que son père est moins discret que sa sœur?

FRANCE. Mon père, vous avez dit cette nouvelle au préfet. Eh bien! eh bien! ce secret n'en est plus un.

LE COLONEL. Ah! s'il en est ainsi, tu as raison, ma fille, oui, et c'est moi qui ai tort... Pourquoi aussi ne pas me dire cela à moi? Doute-t-on de mon dévoûment pour l'Empereur?

FRANCE. Oh! non, non, mon père; on sait au contraire que vous êtes prêt à mourir pour lui. On sait... Oh! sans cela..... sans cela...

LE COLONEL. Allons, allons! il paraît que j'ai commis une grosse balourdise.

SCÈNE V.
LES MÊMES, VICTOR.

VICTOR. France!

LE COLONEL. Hein?

VICTOR. Rien, mon père; c'est moi, moi qui rentre et qui voulais dire un mot à France.

LE COLONEL. Un mot à France? et à quel propos?

VICTOR. J'ai deux ou trois amis à dîner, mon père, et je désirerais que France nous fît servir dans ce salon, si vous le permettez.

LE COLONEL. Prends ce salon, prends la salle à manger, prends la maison tout entière; mais, pour Dieu! ne me fais plus gronder par ta sœur. Je vous laisse faire vos préparatifs. Adieu, mes enfants.

FRANCE. Au revoir, père.

FORTUNÉ. Me voilà, colonel; par file à gauche, en avant, marche!

SCÈNE VI.
VICTOR, FRANCE.

FRANCE. Tu as lu?

VICTOR. Oui.

FRANCE. Eh bien, pas une minute à perdre.

VICTOR. Pourquoi faire?

FRANCE. Pour partir, pour quitter la France.

VICTOR. Je ne le puis sans avoir revu nos amis.

FRANCE. Mais tu te perds si tu restes.

VICTOR. Je les perds, si je pars; j'ai rendez-vous avec eux ici dans dix minutes, je les préviens et nous fuyons ensemble; mais seul, non, ce serait une lâcheté, une trahison!

FRANCE. Voyons, par où doivent-ils entrer?

VICTOR. Mais, comme d'habitude, par la porte du jardin.

FRANCE. Eh bien, si j'allais les y attendre, si je leur disais...

VICTOR. Non, pas toi, mais Fortuné. Toi, ta place est près de mon père; au risque de notre vie, il faut qu'il ignore tout; monte chez lui, monte et envoie-moi Fortuné.

SCÈNE VII.
LES MÊMES, FORTUNÉ.

FORTUNÉ. Présent!

VICTOR. Fortuné, j'attends ces messieurs, les mêmes qui sont venus la dernière fois.

FORTUNÉ. Suffit, on les connaît.

VICTOR. Va te placer en sentinelle à la porte du jardin, et au fur et à mesure qu'ils arriveront tu leur diras ces seuls mots : Tout est découvert, fuyez!

FORTUNÉ. Compris, on y va. (Il sort.)

VICTOR. Tu es encore là?

FRANCE. As-tu besoin de moi, frère?

VICTOR. Non, j'ai tout ce qu'il me faut; va près de mon père, va.

FRANCE. Victor!

VICTOR. France! pauvre France! Oh! nous aurons des jours meilleurs.

FRANCE. Écoute, il me semble qu'on frappe à la porte...

VICTOR. A laquelle?

FRANCE. A celle de la rue.

VICTOR. Va près de mon père, te dis-je, c'est l'important, va. (Il la pousse dehors.)

SCÈNE VIII.
VICTOR, seul.

Voyons, rien ne me manque, non; de l'argent, j'en ai; des armes, en voilà; mon passe-port, un manteau. Mais, non, France ne se trompait pas, on frappe à la porte de la rue; pas un instant à perdre. (Il s'élance pour sortir par la porte du fond et rencontre le général Michel sur la porte.)

SCÈNE IX.

VICTOR, puis LE GÉNÉRAL MICHEL, puis LE COLONEL, puis L'AIDE DE CAMP, puis LE CONSEILLER, puis LES AUTRES.

VICTOR. Vous, général! Fortuné ne vous a-t-il pas prévenu?

MICHEL. Si fait, mais j'ai voulu savoir à quel point nous étions compromis.

VICTOR. On sait mon voyage à l'île d'Elbe, voilà tout ; mais de vous et de nos amis, il n'est pas question.

MICHEL. N'importe, nous sommes tous solidaires.

VICTOR. Si vous m'en croyez, général, partons, partons ; on frappe à la porte de la rue et je crains que ce ne soit la force armée.

MICHEL. Partons, partons !

L'AIDE DE CAMP. Il est trop tard.

VICTOR. Mais qu'a donc fait Fortuné ?

L'AIDE DE CAMP. Ce n'est pas sa faute, il nous a prévenus, mais les deux bouts de la ruelle étaient gardés.

MICHEL. Défendons-nous, morbleu ! nous sommes six bien armés.

FORTUNÉ. Pardon, mon général, mais nous sommes sept ; du moins, c'est ma façon de penser.

SCÈNE X.

LES MÊMES, GENDARMES, au fond, GENDARMES, sur le côté ; en tête des gendarmes, LE PRÉFET.

LE PRÉFET. Monsieur Victor Bertaud, au nom du roi, je vous arrête.

VICTOR. Pardon, Monsieur, mais aurez-vous la bonté de me donner quelques explications?

LE PRÉFET. Je ne vous en dois pas, Monsieur ; mais néanmoins je vous les donnerai. En rentrant chez moi tout à l'heure, j'ai trouvé, venant de Paris, l'ordre de vous arrêter comme conspirateur.

VICTOR. Vous entendez, messieurs. (Il veut s'avancer vers le Préfet.)

MICHEL, l'arrêtant par le bras. Halte ! monsieur le préfet, je vais vous donner un bon conseil ; c'est une autre fois, quand vous vous chargerez de pareilles missions, de prendre une force suffisante. Le pistolet au poing, Messieurs, et passons.

LE PRÉFET. De la rébellion aux ordres du gouvernement! Gendarmes, faites votre devoir.

MICHEL. Un pas, gendarmes, et vous êtes morts!

LE PRÉFET, faisant un geste. Gendarmes, ne tirez que si je tombe. (Il va droit à Victor et le touche à l'épaule.) Monsieur, vous êtes mon prisonnier.

LE COLONEL, le prenant au collet. Monsieur c'est vous qui êtes le nôtre. (Tumulte, bruit de sabres qu'on tire du fourreau et de pistolets qu'on arme.)

SCÈNE XI.

LES MÊMES, FRANCE, entrant précipitamment.

FRANCE. Mon père, mon père! il a entendu du bruit, j'ai voulu le retenir en vain ; il descend, le voilà ! silence ! au nom du ciel ! ou vous le tuerez.

SCÈNE XII.

LES MÊMES, LE COLONEL BERTAUD.

BERTAUD. Qu'est-ce à dire, Victor ? tu me parlais d'une réunion de camarades, et au bruit qui se fait ici, on dirait une querelle, une lutte, un combat.

FRANCE. Non, non, mon père, tranquillisez-vous, il n'y a ici que des amis.

VICTOR, bas au Préfet. Vous n'avez d'ordre que pour moi seul, Monsieur ?

LE PRÉFET. Pour vous seul.

VICTOR. Alors, mes amis sont libres?

LE PRÉFET. Ils le sont.

VICTOR. Vous avez ma parole, Monsieur, je suis votre prisonnier ; mais silence.

LE GÉNÉRAL. Victor !

VICTOR, le doigt sur les lèvres. Silence.

BERTAUD, reconnaissant la voix. Ah ! c'est vous, général Michel?

VICTOR. Eh oui, mon père, vous voyez donc bien que vous vous trompiez.

BERTAUD. Comment ! vous êtes chez moi, général, et je ne suis pas averti !

VICTOR. Ces messieurs ne font que passer à Grenoble, mon père, et comme vous descendiez ils prenaient congé de moi, en me chargeant de toutes leurs amitiés pour vous. Messieurs. (Il leur fait signe de se retirer.)

BERTAUD. Adieu, colonel.

LES AUTRES. Adieu.

BERTAUD. Adieu. (Pendant tout ce temps, Victor fait des signes impératifs à ses amis, en leur montrant son père. Le Préfet de son côté, fait signes aux gendarmes de laisser passer.)

SCÈNE XIII.

LES MÊMES, moins les Conspirateurs.

FRANCE. Et maintenant, mon frère, par grâce, remontez chez vous.

BERTAUD, inquiet. Mais Victor, où est Victor ?

VICTOR. Me voilà, mon père. (Il fait par signes au Préfet la prière d'accompagner son père ; d'un signe de tête le Préfet y consent.) Je vous accompagne, soyez tranquille. (Il sort tenant son père d'un côté, tandis que France le tient de l'autre. Le Préfet et les gendarmes les suivent des yeux. Silence, puis au bout d'un instant, Victor rentre vivement.)

VICTOR. Merci, monsieur le préfet, et maintenant je suis à votre discrétion.
LE PRÉFET. Suivez-moi, monsieur.

SCÈNE XIV.
FORTUNÉ, seul.

Je lui avais cependant bien recommandé de ne pas se laisser prendre.

Onzième Tableau.

26 FÉVRIER 1814. — LA CHAMBRÉE.

SCÈNE PREMIÈRE.
LORRAIN, UN GROGNARD, raccommodant ses souliers.

LORRAIN, tirant une raie noire sur un immense calendrier qui tient tout le fond du mur. Enfoncé le 26 février.
LE GROGNARD. Veux-tu dire pourquoi tu nous détériores comme ça notre calendrier impérial, toi ?
LORRAIN. C'est pour ne pas me tromper sur les dates. En faisant tous les jours une barre... je me tiens au courant. D'ailleurs, j'ai fait un pari avec le tambour-major.
LE GROGNARD. Lequel ?
LORRAIN. J'ai parié une demi-livre de caporal, la blague avec, que nous ne moisirions pas un an ici.
LE GROGNARD. C'est donc ça que ce grand flegmatique de tambour-major s'adonne à la culture du tabac; il a peur de perdre.
LORRAIN. Ça n'empêche pas que si quelqu'un veut être de moitié avec moi dans mon pari, je lui donne ma demi-livre de caporal pour une livre. Ah ! c'est une affaire, cela.
GROGNARD N° 2. Que fais-tu donc là, toi ?
GROGNARD N° 1. Je mets une oreille à mon soulier. C'est une distribution de Leipzick : on a marché depuis ce temps-là, et en arrière... ça use beaucoup. (Il lève le pan de la redingote de son voisin.) Tu devrais bien mettre un becquet à ta culotte, toi.
GROGNARD N° 2. J'y ai bien pensé, mais quand on n'en a qu'une.
GROGNARD N° 1. Oui, ça te gêne de l'ôter, je comprends; mais qu'y a-t-il sur cette chaise ?
GROGNARD N° 2. Il y a le tablier du sapeur, et comme il est en train de faire la cuisine avec Catherine, il a eu peur de le tacher. Tiens, une idée... voilà mon affaire... je reviens.
GROGNARD N° 1. Allons donc ! a-t-il la tête dure !

SCÈNE II.
LES MÊMES, CATHERINE, suivie d'un Sapeur et d'un Tambour. Ils apportent la soupe dans un grand chaudron.

CATHERINE. Alerte, vous autres !... La soupe ?
LE SAPEUR, apportant une grande gamelle. Voilà le potage. Pâtes d'Italie, rien que ça, nourris comme des sénateurs, quoi ! (Il emplit les gamelles et emplit la sienne.)
CATHERINE, au sapeur. Pourquoi donc remplis-tu celle-ci jusqu'au bord ?
LE SAPEUR. Parce que c'est la mienne.
CATHERINE. Tu ne refuses rien à ton estomac, peste !
LE SAPEUR. Que voulez-vous ! je ne suis pas égoïste, moi.
CATHERINE. Bon, maintenant le rappel. (On bat le rappel sur le chaudron avec deux cuillers.) Ramplanplan, ramplanplan, ramplanplan.

SCÈNE III.
TOUS.

TOUS. Présents, Madame veuve Leroux.
CATHERINE. Vous savez bien que je ne veux pas qu'on m'appelle veuve Leroux ; ça lui porterait malheur, à ce garçon, si par hasard il n'était pas mort. Eh bien, toi, Lorrain ?
LORRAIN. Moi je n'ai pas faim.
CATHERINE. Ah ! si tu boudes le potage, décidément c'est que tu es bien malade.
LORRAIN. Sans comparaison, voyez-vous, la France c'était ma maîtresse... comme Jean Leroux il était votre amant. Eh bien, vous regrettez toujours Jean Leroux. Moi je regrette toujours la France... et puis, et puis...
CATHERINE. Et puis, tu es mécontent de l'Empereur, voilà la vérité.
LORRAIN. C'est-à-dire qu'il se conduit de pire en pire.
CATHERINE. Tiens, moi, Lorrain, à ta place, parole d'honneur, je n'irais pas par quatre chemins; un beau matin je lui dirais son fait.
LORRAIN. C'est ce qui lui pend à l'oreille... il s'acoquine à son île d'Elbe, il s'entête à me faire perdre mon pari. C'est puéril de sa part.
CATHERINE, au Sapeur qui cherche son tablier. Eh bien ! quoi ? que cherchez-vous donc, sapeur, mon ami ?
LE SAPEUR. Je cherche mon tablier.
LORRAIN. Ton tablier, regarde ! le voilà qui vient.
LE SAPEUR, au Grognard n° 2. Eh bien ! dis donc ! dis donc !

LE GROGNARD. Ne touche pas, je suis en train de réparer.. une brèche. La soupe mangée, on te rendra ton tablier sain et sauf.

CATHERINE. Décidément, Lorrain, vous pratiquez vigile et jeune... Allons! allons! venez donc.

LORRAIN. C'est bien pour t'être agréable, Catherine. (*Il prend une gamelle et mange très-vite.*)

CATHERINE. Allons! il me semble que vous n'allez pas mal sur la pâte d'Italie pour un homme qui n'avait pas faim?

LORRAIN. J'étouffe la douleur. (*Il emplit sa bouche.*)

CATHERINE. Sais-tu pourquoi tu es mélancolique, Lorrain?

LORRAIN. Non, je ne le sais pas.

CATHERINE. Eh bien! c'est qu'au lieu de travailler, comme les uns aux fortifications, comme les autres aux mines, tu te promènes du matin au soir, les bras croisés, rêvant au temps qui est passé et qui ne peut plus revenir.

LORRAIN. Eh bien! oui, je me promène les bras croisés du matin au soir. Eh bien! oui, je rêvasse du matin au soir. C'est que, vois-tu, je pense aux Pyramides, à Marengo, à Austerlitz, à tout le bataclan. Allons! n'allez-vous pas me faire accroire tout cela, vous autres! Prenez garde, quand vous me direz oui, je vous dirai non. Est-ce que c'est une patrie, je vous le demande, que ce bout d'île où nous sommes entassés comme des huîtres sur un rocher? Eh! non, nous sommes de pauvres naufragés, pas autre chose. Nous attendons de minute en minute un vaisseau qui nous ramène dans notre pays. Et en attendant, nous tendons les mains à la France en lui criant : Nous sommes ici, nous desséchons, nous mourons, nous nous mangeons l'âme. Ce n'est pas notre faute, va, la mère à tous, si nous ne revenons pas. C'est l'autre qui ne veut pas dire : marche! Ah! voilà ce qui fait que je pense, ce qui fait que je rêvasse, ce qui fait... (*Pendant ce temps, l'Empereur a paru seul, suivi de son état-major, il s'est approché de Lorrain et lui a pris la moustache.*)

SCENE IV.
LES MÊMES. L'EMPEREUR.

L'EMPEREUR. Ce qui fait que tu t'ennuies.

LORRAIN. Fastidieusement, Sire.

TOUS, *se levant*. L'Empereur?.. (*A la vue de l'Empereur l'homme à la culotte se dérobe le sapeur le suit pour rattraper son tablier.*)

L'EMPEREUR. Eh bien, que faudrait-il faire à ton avis pour te distraire?

LORRAIN. Je vous le dirais bien, mais vous ne m'écouteriez pas.

L'EMPEREUR. N'importe, dis toujours.

LORRAIN. Vous le voulez absolument?

L'EMPEREUR. Je le veux.

LORRAIN. Eh bien, si j'étais l'Empereur, seulement pendant cinq minutes, je ferais d'abord battre un rappel que toute l'île en tremblerait. (*L'Empereur fait un signe. Un aide de camp transmet ce signe, vingt tambours partent à la fois en battant le rappel.*)

LORRAIN. Hein?.. Qu'est-ce que c'est que ça?

L'EMPEREUR. Tu vois bien que tu n'as qu'à ordonner, continue.

LORRAIN. Ah! il n'y a que cela à faire. Eh bien je dirais — à vos rangs. Grenadiers, portez armes. (*L'Empereur fait un signe; on entend derrière le théâtre*) « A vos rangs, grenadiers!.. portez armes!.. (*plus loin*), portez armes!..

L'EMPEREUR. Continue.

LORRAIN. Alors, je dirais bonsoir à la cocarde de l'Ile d'Elbe, et en avant la cocarde tricolore, c'est la cocarde française. (*L'Empereur fait un signe; un officier de sa suite vide un shako plein de cocardes tricolores sur la table.*)

LORRAIN. Cré coquin, ça y est.

L'EMPEREUR. Continue.

LORRAIN. Puis je dirais à ma musique : Enfants, un de ces beaux airs d'autrefois, qui nous conduisaient en huit jours de Paris à Berlin. (*Sur un signe de l'Empereur, une musique militaire exécute l'air de : Veillons au salut de l'Empire...*)

L'EMPEREUR. Enfin?...

LORRAIN. Enfin, de cette voix qui nous faisait passer à travers l'eau, à travers le feu, à travers la neige, je crierais : En France, soldats, en France!...

L'EMPEREUR. Eh bien! oui, mes amis, en France!... en France!...

LORRAIN. Comment, mon Empereur, c'est possible?

L'EMPEREUR. Si possible qu'on n'attend plus que toi et tes camarades. Vous êtes en retard, mes amis, vous êtes en retard.

TOUS. Aux armes! (*On jette les tabliers, les vestes de travail. En un instant tout est transformé; la musique militaire continue.*)

L'EMPEREUR. Eh bien! oui, mes enfants, moi aussi j'étais comme vous, moi aussi je regardais la France, moi aussi j'attendais. Elle est venue. Soldats, je compte comme toujours sur votre courage et votre dévouement. Le brick et les embarcations vous attendent; êtes-vous prêts?

TOUS. Oui, oui.
L'EMPEREUR. Eh bien! qui m'aime me suive.
TOUS. Vive l'Empereur!
LORRAIN. Dis donc, Catherine, pour la première fois que j'ai fait l'Empereur, j'espère que je ne m'en suis pas mal tiré.
CATHERINE. Oh! mon pauvre Jean Leroux, si tu étais là?...
L'EMPEREUR. En France!... en France!...

ACTE CINQUIEME.

Douzième Tableau.

7 MARS.

La route de Lamure à Vizille; une chaumière au jardin; des Paysans devant une chaumière, amenant un pauvre diable vêtu d'habits déchirés, et qui semble écrasé de fatigue.

SCENE PREMIERE.

BASTIEN, à *Jean Leroux*. Appuyez-vous sur moi. Voyons, vous autres, donnez-lui donc une chaise. Eh bien, voyons, qu'avez-vous, mon ami?
JEAN LEROUX. J'ai, que j'ai marché une partie de la nuit et que je n'en puis plus.
BASTIEN. D'où venez-vous donc? de Lyon?
JEAN LEROUX. Je viens du fond de la Russie.
UNE VIEILLE FEMME. Du fond de la Russie! pauvre cher homme. Entendez-vous, Mathieu, il vient du fond de la Russie.
BASTIEN. Vous étiez donc prisonnier?
JEAN LEROUX. Oui, blessé à Leipsick, j'ai été laissé pour mort sur le champ de bataille, et conduit avec les autres prisonniers du côté de Kiew, puis la paix est venue, puis on nous a dit que nous étions libres et que nous pouvions retourner en France; nous nous sommes mis en route, à deux ou trois cents de notre troupe et nous sommes arrivés à dix. La fatigue et la misère avaient pris les autres.
BASTIEN. Vous êtes donc du Midi, que vous vous en revenez par ici?
JEAN LEROUX. Non! je suis de Saint-Dizier.
BASTIEN. On n'a donc pas voulu de vous dans votre pays, que vous voilà?
JEAN LEROUX. Ça n'est pas ça; mais dans mon pays, il y avait une jeune fille nommée Catherine; nous nous aimions et ma foi, quand je suis parti, elle était mère, je lui ai dit : Sois tranquille, Catherine, après la campagne la noce. Mais après la campagne, bonsoir, j'étais prisonnier. Aussi mon premier soin en arrivant a été de m'occuper d'elle, de demander de ses nouvelles; j'ai appris alors qu'elle s'était faite vivandière, qu'elle était partie avec son frère, qu'elle avait suivi l'Empereur à l'île d'Elbe. Alors je me suis reposé vingt-quatre heures en route et me voilà. Je viens dire à ma fiancée : Veux-tu de moi comme mari, Catherine?
LA VIEILLE. Eh bien à la bonne heure, voilà un brave garçon!
BASTIEN. Hein! grand'mère, qu'est-ce que vous en dites? ça se pratiquait-il comme ça du temps de Fontenoy?
LA VIEILLE. Allons, allons, mes enfants, ne dites pas de mal du temps passé, il y a eu de braves gens à toutes les époques. Alors, mon ami, vous allez bien boire, bien manger et bien dormir, n'est-ce pas?
JEAN LEROUX. Je vais bien boire, bien manger et me remettre en route.
BASTIEN. Vous êtes donc bien pressé?
JEAN LEROUX. Tiens, quand il y a trois ans qu'on n'a vu sa maîtresse et deux ans qu'on n'a vu son empereur.
BASTIEN. Vous allez donc le voir l'Empereur?
JEAN LEROUX. Je l'espère bien, à moins qu'on ne me crève les yeux.
BASTIEN. Eh bien, vous lui direz de la part de Bastien, de la ferme des Grenaux, ousqu'il a couché le soir de la bataille de Montmirail. Y était mal couché tout de même, mais il y a bien dormi. En v'là un qui n'a pas peur des revenants. Et puis, vous l'y direz encore, comme la ferme a été brûlée le soir de la petite affaire, que je suis venu m'établir ici à Lamure, sur sa route; c'est cause que si y prenait l'idée de revenir......
UN PAYSAN. Chut donc, Bastien.
BASTIEN. Chut! Et pourquoi ça? Est-ce qu'il y a des mouchards ici? Eh bien, que s'il lui prenait l'idée de revenir, il serait le bien venu, quoi!
JEAN LEROUX. Je lui dirai, soyez tranquille. Allons, mes amis, merci.
LA VIEILLE. Eh bien! vous vous en allez?
JEAN LEROUX. Que voulez-vous? Il faut se remettre en route. Allons. Adieu, les enfants, adieu, grand'mère! (*On entend le tambour.*) Qu'est-ce que c'est que cela? (*Une avant-garde de grenadiers.*) Tiens, les grenadiers de la garde, je croyais qu'on leur avait changé leurs uniformes, à ces vieux braves.
BASTIEN. Eh bien oui, ils leur avaient changé.

SCÈNE II.

LES GRENADIERS, LES PAYSANS.

LES GRENADIERS. Bonjour, les amis, bonjour !

BASTIEN. Regardez donc, ils ont la cocarde tricolore.

LORRAIN. Eh bien ! oui, nous avons la cocarde tricolore. Est-ce que ce n'est pas la cocarde nationale, cré nom ! Oui, nous avons le drapeau tricolore. Est-ce que ce n'est pas le drapeau de l'Empereur ?

BASTIEN. De l'empereur !

LORRAIN. Oui, et comme nous sommes l'avant-garde de l'Empereur, vive l'Empereur !

JEAN LEROUX. L'Empereur ! l'Empereur !

BASTIEN. Mais il vient donc, l'Empereur ?

LORRAIN. Il nous suit, tenez, voilà d'abord le tambour-major, qui me doit toujours ma demi-once de caporal, et puis les tambours, et puis les lanciers polonais, et puis l'Empereur, et puis les vieux de la vieille, et puis tout le tremblement.

JEAN LEROUX. Alors, mon ami, vous venez de l'île d'Elbe ?

LORRAIN. Droit comme un boulet de canon.

JEAN LEROUX. Connaissez-vous Catherine ?

LORRAIN. Catherine la vivandière ? Catherine Michelin, veuve Jean Leroux ? un peu que je la connais.

JEAN LEROUX. Hein ?

LORRAIN. Oh ! pour le bon motif. C'est la Jeanne d'Arc des vivandières.

JEAN LEROUX. Où est-elle ?

LORRAIN. À cent pas d'ici.

JEAN LEROUX. Oh ! Catherine ! Catherine !

TOUS LES PAYSANS. L'Empereur ! l'Empereur !

SCÈNE III.

LES MÊMES, L'EMPEREUR, SOLDATS.

L'EMPEREUR. Oui, mes amis, l'Empereur, l'Empereur qui, sachant que vous le regrettez, vient avec une poignée de braves, parce qu'il compte sur vous. Vous êtes menacés des dîmes, des privilèges, des droits féodaux, de tous les abus dont son succès vous avaient délivrés. Eh bien ! je viens vous enlever toutes ces craintes, moi, le soldat de fortune, moi, l'Empereur du peuple.

LES PAYSANS. C'est vrai, Sire, c'est vrai ; vous venez comme l'ange du bon Dieu pour nous sauver. Vive l'Empereur !

CATHERINE, *reconnaissant Jean Leroux.* Jean Leroux ! Jean Leroux ! je te revois.

JEAN LEROUX. Catherine !

L'EMPEREUR. Qu'y a-t-il ?

LORRAIN. Mon Empereur, c'est Catherine qui a retrouvé son défunt.

L'EMPEREUR. C'est bien, c'est bien, laisse-la parler.

CATHERINE. Ah ! Sire, c'est lui, c'est Jean Leroux, il n'était pas mort, il n'était que prisonnier, il revient de Kiew, de Moscou, je ne sais pas d'où ! Oh ! je suis folle de joie.

L'EMPEREUR. Et où allais-tu comme cela ?

JEAN LEROUX. J'allais vous rejoindre, mon Empereur, je ne savais pas vivre sans vous, et un petit peu sans elle.

L'EMPEREUR. Allons, messieurs, voilà du renfort. Un habit à ce brave homme-là, et qu'il reprenne son rang dans ma garde. (*À un officier ; il lui parle bas.*) Vous entendez ?

L'OFFICIER. Oui, Sire.

LA VIEILLE. Est-ce que mon Empereur me ferait l'amitié de se rafraîchir ?

BASTIEN. Eh bien ! grand'mère ?

LA VIEILLE. Eh bien, quoi ? si l'empereur a soif, il faut bien qu'il boive.

L'EMPEREUR. Eh bien, oui, grand'mère, j'ai soif, donnez-moi à boire.

LA VIEILLE. Là, vous voyez bien. (*Elle prépare à boire.*)

L'OFFICIER (*donnant un habit à Jean Leroux*). Tenez mon ami.

JEAN LEROUX. Merci. Oh ! mon brave uniforme, j'avais bien peur de ne jamais te revoir, va. (*Il l'endosse.*)

CATHERINE. Oh ! comme te voilà beau, Jean Leroux ! (*Lui montrant une croix qui est à l'habit.*) Eh bien, qu'est-ce que c'est que cela ?

JEAN LEROUX. Ah ! oui, qu'est-ce que c'est que ça ?

L'EMPEREUR. Eh bien, il ne te va pas, l'habit ?

JEAN LEROUX. Si fait, mon Empereur, mais c'est que...

L'EMPEREUR. Quoi ?

JEAN LEROUX. C'est que... Voyez donc... C'est le petit brimborion...

L'EMPEREUR. Eh bien, est-ce qu'elle te gêne, cette croix ?

JEAN LEROUX. Oh ! mon Empereur, je donnerais ma vie.

L'EMPEREUR. Alors garde-la, mon ami.

LA VIEILLE (*présentant à l'Empereur un verre sur une assiette*). Tenez, mon Empereur.

L'EMPEREUR (*buvant et lui rendant le verre*). Merci, grand'mère.

LA VIEILLE. Personne ne boira plus dans ce verre-là, mon Empereur, et il restera dans la famille jusqu'à la centième génération.

LA BARRIÈRE CLICHY.

L'EMPEREUR. Bonnes gens, va.

UN AIDE DE CAMP, *arrivant au galop.* Sire, Sire!

L'EMPEREUR. Qu'y a-t-il?

L'AIDE DE CAMP. Une colonne de troupe venant de Vézille barre le chemin et s'oppose à notre passage.

L'EMPEREUR. De quels régiments se compose-t-elle?

L'AIDE DE CAMP. Sire, du 5e de ligne.

L'EMPEREUR. Du 5e de ligne? c'est un vieil ami d'Italie. Allez voir cela, Cambronne, et dites-leur que c'est moi, moi, l'Empereur.

CAMBRONNE. Sire, je n'aurai pas cette peine, car les voilà!

L'EMPEREUR. Et au pas de charge, encore.

TOUS. Aux armes! aux armes!

L'EMPEREUR. A vos rangs; c'est bien, désarmez les fusils et renversez les canons.

LES GÉNÉRAUX. Sire, Sire!

L'EMPEREUR. Laissez-moi faire, Messieurs, cela me regarde. Soldats!

L'AIDE DE CAMP *du général Marchand.* Soldats, n'écoutez pas cet homme qui nous apporte la guerre civile. (*L'Empereur s'avance.*) Soldats! feu, feu!..

L'EMPEREUR, *ouvrant son uniforme.* Soldats du 5e de ligne, s'il en est un seul parmi vous qui veuille tuer son général, son Empereur, il le peut, me voilà!

TOUS LES SOLDATS DU 5e DE LIGNE, *jetant leurs fusils.* Vive l'Empereur! vive l'Empereur!

L'EMPEREUR. Venez, mes enfants, venez. Ah! vous êtes de dignes, de nobles Français; venez, venez... Des cocardes tricolores pour ces braves gens-là.

LES SOLDATS, *enfonçant une caisse de tambour.* Eh! nous en avions, Sire.

L'EMPEREUR. Allons, c'est bien. Soldats du 5e de ligne, je suis content de vous; vous aussi, vous êtes mes enfants. (*Il leur donne un drapeau tricolore.*)

UN VIEUX SOLDAT, *tirant un aigle de son sac.* Voilà le coucou!... Eh bien, si vous êtes content de nous, si nous sommes vos enfants, laissez-nous faire votre avant-garde.

L'EMPEREUR. Accordé!

TOUS. Bravo! bravo! vive l'Empereur!

L'EMPEREUR. En marche, mes amis, en marche. Adieu, grand mère.

LA VIEILLE. Adieu, mon Empereur (*Aux paysans.*) Eh bien, vous ne lui dites pas adieu, vous autres?

BASTIEN, *paysans.* Inutile, nous allons avec lui. (*Les tambours battent, on se met en marche pour Grenoble.*)

Treizième Tableau.
LA CHAMBRE DU COLONEL.

SCÈNE PREMIÈRE.
LE COLONEL, FRANCE.

LE COLONEL. Tu as beau dire, ma chère France, il se passait, l'autre soir, quelque chose d'étrange ici. J'ai entendu du bruit, des menaces, quelque chose comme un cliquetis d'armes; pourquoi m'as-tu quitté pour me précéder précipitamment au lieu de me conduire? — Comment se faisait-il que le général Michel, un de mes vieux amis, le colonel Gérard, mon compagnon d'armes, fussent ici, chez moi, sans que j'en fusse prévenu?

FRANCE. Mais, mon père, Victor vous l'a dit: ils ne faisaient que passer, ils allaient s'embarquer à Toulon pour rejoindre l'armée d'Italie, où Victor espère les rejoindre un jour ou l'autre.

LE COLONEL. Mais, lui-même, Victor, où est-il? Comment, depuis cette soirée-là, ne l'ai-je point revu?

FRANCE. Mon père, je vous l'ai dit, parce qu'il est allé lui-même à Paris, solliciter au ministère de la guerre sa mise en activité.

LE COLONEL. Écoute, France, on me trompe ici.

FRANCE. Mon père!

LE COLONEL. Depuis huit jours, tu souffres ou tu crains.

FRANCE. Moi?

LE COLONEL. Toi. Ta voix n'est plus la même, ta main est froide et tremblante, tu tressailles tout à coup comme quelqu'un qui, d'un moment à l'autre, s'attend à une mauvaise nouvelle. Voyons, France, dis-moi tout; tiens, tiens, dans ce moment-ci, à ta respiration, je sens que tu es prête à pleurer.

FRANCE. Mon père, mon Dieu, mon Dieu! que dire? que faire?

SCÈNE II.
LES MÊMES, FORTUNÉ.

FORTUNÉ. Pardon, excuse, si je vous dérange, mon colonel, mais c'est monsieur Victor.

LE COLONEL *et* FRANCE. Victor!

FORTUNÉ. Oui, il arrive de Paris, il a obtenu ce qu'il désirait, à ce qu'il dit, et il voudrait vous dire adieu avant... avant que de partir.

LE COLONEL. Et où est-il?

FORTUNÉ. Il monte l'escalier... Venez, venez, monsieur Victor, le colonel vous attend.

FRANCE. Fortuné.

FORTUNÉ. Condamné, Mademoiselle, condamné; seulement, il a eu la permission... Oh! tenez, j'étouffe.

LE COLONEL, *les bras étendus du côté de la porte*. Victor! Victor! où es-tu donc?

SCENE III.

LES MÊMES, VICTOR, *escorté d'une douzaine de soldats qui s'arrêtent dans la pièce précédente... La porte reste ouverte de manière à ce qu'on les voit tout le temps que dure la scène.*

VICTOR, *après avoir fait signe aux soldats*. Me voilà, mon père, me voilà!

LE COLONEL. Oh! que cela me fait de bien de te retrouver, mon pauvre Victor, de te sentir là près de moi, de te serrer dans mes bras!

VICTOR. Mon père!

FRANCE. Oh! oh! mon Dieu!

FORTUNÉ. Sacré nom!

LE COLONEL. Tu n'as point idée des étranges pensées qui me passaient par l'esprit; c'était une sombre et vague inquiétude que rien ne pouvait combattre. Ta sœur avait beau me dire que tu étais à Paris, que tu y étais allé pour solliciter de l'activité, il me semblait qu'une voix intérieure démentait cette voix consolatrice et me disait, ne l'écoute pas, ne l'écoute pas... pour la première fois, elle ment. (*Se retournant vers France.*) Excuse-moi, France; j'aurais dû savoir que les anges ne mentaient pas.

FRANCE. Mon père!

LE COLONEL. Et tu disais donc, Victor?

VICTOR. Eh bien! je disais, mon père, que tous mes vœux sont exaucés. Vous vous étonniez quelquefois qu'à mon âge, ayant devant les yeux l'exemple de votre carrière militaire, si pure, si glorieuse, je demeurasse près de vous, oisif, inutile. — Eh bien, mon père, il n'en sera pas ainsi désormais; l'Empereur m'appelle à lui, la grande armée est campée autour d'Alexandrie et je vais l'y rejoindre.

LE COLONEL. Va, mon enfant; c'est un beau pays que l'Italie; à chaque pas on marche sur un souvenir, à chaque étape on campe sur un champ de victoire. Et quand pars-tu?

VICTOR. J'ai ordre de ne pas m'arrêter, mon père; aussi le temps de vous serrer sur mon cœur, le temps de vous dire adieu, voilà tout ce qui m'est accordé.

LE COLONEL. Va, mon ami, tu as de nobles et beaux exemples là bas, et tu seras près d'un maître qui sait récompenser... Un jour tu porteras sur ta poitrine une croix sur laquelle sont écrit deux mots sacrés, *Honneur et Patrie*; qu'ils soient à toute heure, à tout instant le guide de tes pensées et de tes actions. Quant à être brave, je n'ai, je le sais heureusement, aucune recommandation à te faire sous ce rapport.

VICTOR. Merci, mon père.

LE COLONEL. Attends!

VICTOR. Quoi, mon père?

LE COLONEL. Je veux te faire un cadeau.

VICTOR. Votre épée!

LE COLONEL. Tu sais que c'est un cadeau de l'Empereur à la Moskowa; la lame de mon épée fut brisée par une balle, et il me donna celle-ci.

VICTOR. Mon père, une pareille arme est trop précieuse pour quitter jamais celui à qui elle a été donnée; c'est un héritage de famille qui doit rester ici près de vous, sur un autel, s'il y avait un autel dans cette maison; moi, cette arme peut m'être volée, peut m'être prise si j'étais fait prisonnier.

LE COLONEL. Eh bien! elle te rappellerait que tu ne dois pas te rendre.

VICTOR. Eh bien! je me ferais tuer, oui, sans doute; mais, moi mort, elle appartiendrait au premier venu qui me l'arracherait des mains; non, mon père, non, gardez cette épée. Maintenant voulez-vous permettre que je dise adieu à ma sœur?

LE COLONEL. France, tu entends?

FRANCE, *dans les bras de Victor*. Oui, mon père, oui.

VICTOR. Tiens, France, voici des lettres datées de différentes villes d'Italie; tu les liras successivement à mon père afin qu'il ignore le plus longtemps possible; enfin une dernière lui annonce que je suis blessé, blessé mortellement. Il faut lui donner cette suprême joie de croire que son fils est mort sur le champ de bataille.

LE COLONEL. Eh bien, où es-tu donc?

VICTOR. Me voilà.

LE COLONEL. Que disais-tu à France? elle pleure.

VICTOR. Je lui disais ce que je vais vous dire à vous mon père; ce sont de terribles guerres que nos guerres, de sanglantes batailles que nos batailles; peut-être cet adieu que je vous dis est-il un dernier adieu.

LE COLONEL. Eh bien, qu'est-ce que ces idées-là?

VICTOR. Oui, elles sont fausses, exagérées, je le sais; mais faites comme si elles étaient vraies, mon père, embrassez-moi comme si nous ne devions plus nous revoir, bénissez-moi comme si j'allais mourir.

LE COLONEL. Voilà de sombres présages, mon enfant, et s'ils venaient à la veille d'une bataille ils m'effrayeraient; mais avec l'aide de Dieu, Victor, il n'en sera pas ainsi; au contraire, je ne sais pourquoi je suis plein de joie et d'espérance, je te vois revenir capitaine, colonel, que sais-je, moi ! Viens, viens, mon enfant, viens que je t'embrasse, viens que je te bénisse.

VICTOR. Mon père!

LE COLONEL. Eh bien, qu'y a-t-il ?

FORTUNÉ. Il y a, mon colonel, voyez, il y a..

VICTOR. Tais-toi, Fortuné.

FORTUNÉ. Tais-toi, Fortuné, tais-toi... Eh bien, non, monsieur Victor, je ne veux pas me taire, moi je me révolte.

VICTOR. Fortuné!

FRANCE. Que va-t-il dire?

FORTUNÉ. Je vous dis, moi, que c'est fâcher Dieu que de tromper ainsi son père, et que de lui dire au revoir quand il faut lui dire adieu.

VICTOR. Fortuné !

FORTUNÉ. Je vous dis que c'est un sacrilége ce que vous allez faire, je vous dis que vous ne le ferez pas.

VICTOR. Mon père! mon père! ne le croyez pas.

LE COLONEL, *écartant Victor de la main*. Viens, Fortuné, viens, et parle, mon vieil ami ; je sais que tu n'as jamais menti ; j'écoute, que dis-tu ?

FORTUNÉ. Je dis que nous sommes de vieux soldats, mon colonel, et que nous savons ce que c'est que la douleur.

LE COLONEL. Oui, eh bien?

FORTUNÉ. Je dis que vous êtes père, je dis que, si je l'étais, il me semble que je ne pardonnerais pas à ceux qui permettraient que je quittasse mon enfant sans savoir où il va ; il me semble que je maudirais ceux qui me feraient accroire que mon enfant vit, quand mon enfant serait mort.

FRANCE *et* VICTOR. Ah! mon Dieu !

LE COLONEL. Fortuné! Fortuné! que dis-tu? explique-toi.

FORTUNÉ. Oh! l'explication est bien simple. L'Empereur n'est plus sur le trône, l'Empereur est prisonnier à l'île d'Elbe. Monsieur Victor a conspiré pour l'Empereur, il est condamné à mort, et il vient vous dire adieu, parce qu'on va le fusiller. Tenez, les soldats sont là.

VICTOR *et* FRANCE, *éclatant en sanglots*. Oh !...

FORTUNÉ. Ma foi, tant pis, la vérité avant tout. C'est ma façon de penser.

LE COLONEL. Fortuné, ta main. Merci, mon ami. O mes enfants! c'est bien mal de m'avoir trompé ainsi.

VICTOR. Mon père, n'en veuillez pas à ma sœur ; ma sœur est innocente, et l'idée vient de moi. C'est moi qui, redoutant votre désespoir, qui, sachant l'histoire de cette bague et du poison qu'elle renferme ; c'est moi qui, connaissant le serment que vous aviez fait à l'Empereur ; c'est moi qui ai inventé et soutenu ce long mensonge qu'il serait trop cruel à vous de me reprocher maintenant, maintenant que je vais mourir.

LE COLONEL. Oui, et que c'est moi qui te tue. Car, oui, je me rappelle, c'est moi qui ai dit au préfet... Victor, mon enfant, pardonne à ton père. (*Il le prend dans ses bras.*) Ah! mon fils! mon Victor !

FORTUNÉ. Mon colonel !

LE COLONEL. Oui, tu as raison. Oui, nous sommes des hommes et non des enfants ou des femmes. Aux femmes et aux enfants les plaintes et les larmes ; à nous le courage, à nous la force. Viens, mon enfant, c'est un instant à passer, c'est un pas à franchir. Tu le franchiras, n'est-ce pas, mon fils, la tête haute?

VICTOR. Oh ! oui, mon père

LE COLONEL. D'ailleurs c'est la mort, mais la mort d'un soldat. Suppose qu'on te dise : allez mourir sur la brèche d'une redoute. Tu irais, n'est-ce pas?

VICTOR. Oh ! oui, mon père.

LE COLONEL. Tu irais sans broncher, sans sourciller, sans faiblir, et tu recevrais la mort la tête haute et l'œil fier.

VICTOR. Je la recevrai ainsi, soyez tranquille.

LE COLONEL. Voyons. (*Il cherche le cœur de Victor.*)

VICTOR. Tenez, là, mon père, vous voyez; il bat comme d'habitude, et s'il donne quelques pulsations de plus, il les donne, non pas à la crainte de mourir, mais à la douleur de vous quitter.

LE COLONEL. Bien, mon enfant, je suis content de toi. (*Bas.*) D'ailleurs, sois tranquille, nous ne nous quitterons pas pour longtemps.

VICTOR. Mon père !

LE COLONEL. Silence. (*Se tournant vers les soldats.*) Sergent!

LE SERGENT. Me voilà, mon colonel.

LE COLONEL. Vous êtes un vieux soldat.

LE SERGENT. Je date des Pyramides, nous étions là ensemble, mon colonel.

LE COLONEL. Mon brave, ta main?

LE SERGENT. La voilà, mon colonel.

LE COLONEL. S'il demande à ne pas avoir les yeux bandés?

LE SERGENT. Il ne les aura pas.

LE COLONEL. S'il demande à commander le feu?

LE SERGENT. Il le commandera.

LE COLONEL. Et tu recommanderas bien à tes hommes de viser là. (*Il montre le cœur.*) C'est un enfant, vois-tu, il ne faut pas le faire souffrir.

LE SERGENT. Soyez tranquille.

FORTUNÉ. Mordieu! est-ce que je me serais trompé? il me semble que j'ai des remords.

LE COLONEL. Victor.

VICTOR. Mon père?

LE COLONEL. Est-ce que tu as dit adieu à ta sœur?

VICTOR. Oui, mon père.

LE COLONEL. Eh bien! alors...

VICTOR. Oui, on attend, et il ne faut pas que je fasse attendre. Adieu! adieu! mon père.

LE COLONEL, *le rappelant*. Victor, encore un... le dernier... Va (*il le pousse*), va, mon fils... va...

FRANCE. Ah! mon père! mon père! (*Victor sort avec les soldats.*)

SCÈNE IV.
LES MÊMES, *moins* VICTOR.

LE COLONEL. Eh bien! quoi? c'est un soldat qui va mourir, voilà tout; et pour qui va-t-il mourir? pour l'Empereur, c'est-à-dire pour le bienfaiteur de sa famille, pour celui à qui j'avais juré de mourir moi-même s'il était renversé du trône; le père a manqué à son serment, le fils s'acquitte, voilà tout.

FRANCE. Mon père, mon père!

LE COLONEL. Eh bien! oui, embrasse-moi, ma fille. D'ailleurs ne me restes-tu pas, toi; crois-tu que tous les pères soient encore aussi heureux que moi? Oh! je n'ai pas à me plaindre, Dieu merci; Victor pouvait être fils unique, et alors je restais seul. Non, non, France, tandis que tu es là, que tu ne me quitteras pas, toi, si ce n'est pour aller rejoindre Emmanuel; car je comprends, n'est-ce pas, Emmanuel est à l'île d'Elbe, exilé avec l'Empereur; et moi, égoïste, qui vous séparais, deux enfants qui s'aiment, deux cœurs qui battent à l'unisson. Dame, il faut me pardonner, mon enfant, moi, je ne savais pas...

FRANCE. Oh! mon père, mon père!

LE COLONEL. Là, maintenant, je voudrais être seul quelques instants, tu comprends, j'ai besoin de me remettre, tant que je t'ai là, vois-tu, je pense trop à ton frère. Ta voix me rappelle la sienne; laisse-moi seul un instant, et toi aussi, Fortuné.

FORTUNÉ. Vous ne m'en voulez pas, colonel?

LE COLONEL. Non, oh! non; tu sentais que c'était un crime de me tromper, toi.

FRANCE. Un crime!

LE COLONEL. Eh bien, puisque ce n'était pas toi qui me trompais, puisque c'était ton frère, voyons, France, vas-tu me désobéir?

FRANCE. Oh!

LE COLONEL. Écoute, tu prieras pendant ce temps-là, et dans dix minutes, oui, tu m'enverras Fortuné; va, va, emmène France, Fortuné.

FORTUNÉ. Venez, Mademoiselle. (*Arrivée à la porte, France s'arrête.*)

FRANCE, *à Fortuné*. Malheureux! tu ne vois pas qu'il veut rester seul pour se tuer!

FORTUNÉ. Oh! alors vous avez raison, Mademoiselle, ne le quittez pas, ne le quittez pas. Adieu, colonel, nous nous en allons, adieu. (*Fortuné sort, mais France se jette de côté.*)

SCÈNE V.
LE COLONEL, FRANCE, *immobile et retenant son haleine.*

LE COLONEL *va à la porte et la ferme.* Ah! me voilà seul enfin! j'ai promis à Victor, pauvre martyr, que nous ne serions pas séparés pour longtemps. J'accomplirai deux serments en tenant celui là. Mais avant de tout quitter, avant de rejoindre l'enfant dont je cause la mort, quelques mots à cette autre enfant que je laisse orpheline... Un adieu à France.

FRANCE. Oh! je le savais bien.

LE COLONEL. Un dernier, il doit y avoir sur cette table un crayon, (*tirant la bague de son doigt.*) Oh! sainte relique de cet autre martyr que l'on condamne à vivre, que je suis heureux maintenant de ne pas t'avoir quittée. (*Il baise la bague et la pose près de lui.*) Écrivons. (*Il prend un crayon et à tâtons écrit sur le papier.*) Adieu, France, adieu ma fille chérie, pardonne à ton père de te quitter; mais tu savais bien qu'il avait fait un serment et que ce serment rien ne l'empêcherait de l'accomplir, lorsqu'il connaîtrait la vérité. Puisque tu n'as prolongé sa vie que par un pieux mensonge, écoute, France: les derniers devoirs rendus à ton père, tu partiras avec Fortuné, tu iras rejoindre Emmanuel à l'île d'Elbe. Tu diras à l'Empereur: Sire, me voici; mon frère a été fusillé pour vous, mon père s'est empoisonné pour vous, touchez-moi de votre main puissante et souveraine afin qu'ils voient là-haut que j'ai retrouvé en vous plus que je n'avais perdu en eux; adieu, France, adieu ma fille chérie, adieu. (*Pendant ce temps France s'est approchée doucement, a pris la bague, et a substitué à la bague le* médaillon de sa mère que le colonel lui a donné; le colonel, après avoir écrit le mot adieu! cherche la bague de la main, ne la trouve pas et à la place trouve le médaillon.) Le médaillon de France! comment a-t-elle oublié là ce médaillon? sans doute, c'est une permission du Seigneur, pour que je me rappelle au moment de mourir cet autre ange que j'oubliais. Oui, oui, tout aveugle que je suis je te vois là-haut. Tu me fais signe que tu m'attends, me voilà! me voilà! (Il cherche de nouveau.) Mais où est donc cette bague? je l'avais posée là cependant, elle sera tombée, et moi qui ai dit à Fortuné de revenir dans dix minutes, heureusement j'ai mes pistolets sur la cheminée.

FRANCE. Oh! mon Dieu! (Elle regarde autour d'elle, aperçoit la croix pendue dans le lit, elle la détache et la met à la place des pistolets. Le colonel s'approche à tâtons de la cheminée, et à la place où étaient les pistolets, trouve la croix.)

LE COLONEL. Qu'est-ce que cela? Un crucifix! Mon Dieu! vous m'êtes témoin que je meurs sans avoir jamais douté de vous. Quoique à cette heure, mon Dieu! vous me mettiez à une rude épreuve. (Il baise le crucifix et le repose sur la cheminée.) Mais où sont donc mes pistolets? Fort né les aura changés de place. Je les ai touchés ce matin encore cependant. N'importe! il me reste mon épée, cette épée que je voulais donner à Victor et qu'il refusait; elle lui était bien inutile en effet, tandis qu'à moi, à moi, elle va me servir. (Il s'avance vers son épée; mais là, France, ne trouvant rien à mettre à la place, se met elle-même devant la muraille, de sorte qu'elle se trouve dans les bras de son père au moment où son père étend les bras pour prendre son épée.) France!

FRANCE. Mon père, mon père, pitié pour votre fille!..

LE COLONEL. Oh! oh! mon Dieu! ayez pitié de moi! (On entend des cris dans la rue. Tumulte, rumeurs.)

LE COLONEL. Entends-tu, entends-tu? C'est lui, lui qu'on va fusiller! Oh! Victor! oh! mon enfant! mon enfant!

FORTUNÉ au dehors. Colonel! colonel! Ouvrez! ouvrez!

FRANCE. Qu'y a-t-il?

FORTUNÉ. Joie! miracle! bonheur! L'Empereur débarque, l'Empereur à Vizille, l'Empereur!

LE COLONEL. L'Empereur débarque, dis-tu? Tu es fou.

FORTUNÉ. Ecoutez. (Voix dans la rue. L'Empereur! l'Empereur! Vive l'Empereur!)

LE COLONEL. Mon Dieu! mon Dieu! s'il arrivait à temps! Conduisez-moi au-devant de lui.

FRANCE. Mon frère! mon frère! Ah! tu le disais bien, Joie et miracle! Venez, mon père, venez!

LE COLONEL. L'Empereur! l'Empereur! Ah! Viens, France, viens, Fortuné! (Ils sortent enlacés.)

Quatorzième Tableau.

LA PORTE DE VIZILLE, A GRENOBLE.

La ville illuminée dans le lointain.

SCÈNE PREMIÈRE.

L'OFFICIER, qui a commandé le feu à Lamure, SOLDATS, PEUPLE. (Les soldats silencieux sous les armes. Le peuple bruyant.

LE PEUPLE. L'Empereur! l'Empereur! l'Empereur qui vient, l'Empereur qui arrive!

UN HOMME. On avait envoyé le cinquième de ligne contre lui et il est passé avec lui.

L'OFFICIER. Eh bien, oui c'est l'Empereur; mais soyez tranquille, il n'entrera pas à Grenoble comme à Vizille, Grenoble est une ville fortifiée, Grenoble a de bonnes murailles, des portes solides, une garnison fidèle.

LES GENS DU PEUPLE. L'Empereur! ouvrez les portes à l'empereur, les clefs des portes, les clefs, les clefs!

L'OFFICIER. Les clefs des portes, tenez. (Il les jette au fond du puits.) Allez les chercher où elles sont maintenant. (Rumeurs, murmures.) Soldats, faites votre devoir. (Les soldats chassent le peuple.)

SCÈNE II.

LES MÊMES, moins le peuple, LE SERGENT, VICTOR, L'ESCORTE qui l'accompagne.

LE SERGENT. Pardon, pardon, camarades, on est de service et de triste service même. Laissez passer. (Il passe avec l'escorte et va à l'officier.) Mon officier.

L'OFFICIER. Qu'y a-t-il?

LE SERGENT. C'est le jeune homme qui a conspiré pour l'Empereur, vous savez, le fils du colonel Bertaud, faut-il le fusiller toujours?

L'OFFICIER. Il est condamné?

LE SERGENT. Oui.

L'OFFICIER. L'heure de l'exécution est-elle arrivée?

LE SERGENT. Oui.

L'OFFICIER. Avez-vous reçu contre-ordre?

LE SERGENT. Non.

L'OFFICIER. Eh bien, que justice se fasse.

LE SERGENT. C'est que, comme l'autre approche, et sera probablement ici ce soir...

L'OFFICIER. Raison de plus, Monsieur; un grand exemple aura été donné.

LE SERGENT. Alors, ouvrez les portes.

L'OFFICIER. Les portes sont fermées, et je

suis là pour empêcher qu'elles ne s'ouvrent.

LE SERGENT. Je ne puis cependant pas le fusiller ici.

L'OFFICIER. Vous avez les fossés de la ville, qu'on ouvre la poterne.

LE SERGENT. C'est l'ordre?

L'OFFICIER. C'est l'ordre, allez.

LE SERGENT. Allons, Monsieur Victor, il faut me suivre.

VICTOR. Mais il me semble que je ne m'y refuse pas?

LE SERGENT, *descendant par la poterne.* Par ici, venez. (*Rumeurs parmi le peuple.*)

VICTOR. Mes amis, je ne regrette pas la vie, puisque je meurs pour l'Empereur. Vive l'Empereur!... (*Ils disparaissent. Les rumeurs du peuple redoublent. Voix dans la foule, aux portes, aux fenêtres.*)

L'HOMME DU PEUPLE. Est-ce qu'on va le fusiller tout de même, pauvre jeune homme, quand l'Empereur arrive?

UNE VOIX. Entendez-vous le tambour, entendez-vous? (*On entend en effet le tambour dans le lointain.*)

SCENE III.
LES MÊMES, LE COLONEL, FRANCE, FORTUNÉ.

LE COLONEL, *entrant conduit par France et par Fortuné.* Mes amis, mes amis, vous ne l'avez pas vu?

L'HOMME DU PEUPLE. Ah! c'est le colonel Bertaud, c'est le père, pauvre père!

LE COLONEL. Mon fils, mon Victor, on m'a dit qu'on l'avait conduit par ici. Vous le sauverez, n'est-ce pas, mes amis? vous ne le laisserez pas fusiller. Il a conspiré pour l'Empereur; mais est-ce que c'est un crime, cela? Si je n'avais pas été aveugle, j'aurais conspiré avec lui. Qu'on me fusille donc avec lui! qu'on me fusille!

FRANCE. Mon père!

LE COLONEL. Fortuné, où est-il? Mais demande donc où il est, informe-toi donc, toi qui n'es pas aveugle!

L'HOMME DU PEUPLE, *à Fortuné.* Tenez, tenez, par là, on l'a emmené par là, par la poterne. (*Fortuné descend par la poterne. Une détonation se fait entendre; il reparait pâle et chancelant.*)

LE COLONEL. Victor! Victor! (*Il tombe à genoux.*)

FRANCE. Mon père, mon frère, au secours, au secours!

SCÈNE IV.
LES MÊMES, VICTOR, *s'élançant hors de la poterne sans habit et sans gilet.*

VICTOR. Vive l'Empereur!

LE COLONEL. La voix de Victor, la voix de mon enfant.

FRANCE. Mon frère!

LE COLONEL. Victor, Victor vivant... impossible... C'est bien lui, cependant... Laisse-moi te toucher... Mais cette détonation...

VICTOR. Ces braves gens, voyant arriver l'Empereur, ont tiré en l'air au lieu de tirer sur moi.

LE COLONEL. Ah! mon Dieu! mon Dieu! quelle grâce, quel miracle, quelle joie!

VICTOR, *mettant la main du sergent dans celle de son père.* Notre sauveur, mon père, notre sauveur.

FORTUNÉ, *à la poterne.* Par ici, sapeurs, par ici... Brisez, enfoncez les portes. (*Les sapeurs du 5ᵉ enfoncent la porte; l'Empereur parait.*)

SCÈNE V.
LES MÊMES, L'EMPEREUR, LA GARDE, L'ETAT-MAJOR, LORRAIN, CATHERINE, JEAN LEROUX, ETC.

TOUS. Vive l'Empereur!

L'EMPEREUR. Merci, mes enfants, merci.

LE COLONEL. La voix de l'Empereur.

VICTOR *et* FRANCE. Oui, mon père, lui, c'est lui.

L'EMPEREUR. Français, c'est à vous seuls et aux braves de l'armée que je me glorifierai toujours de devoir ma couronne et ma puissance.

TOUS. Vive l'Empereur!

LE COLONEL, *à ses genoux.* Sire! Sire!

L'EMPEREUR, *descendant de cheval.* Ah! c'est toi, mon vieux Bertaud! dans mes bras, dans mes bras!

LE COLONEL. Mon fils, mon Empereur, ah! je puis mourir maintenant.

LE MAIRE, LE CORPS MUNICIPAL. Sire, le logement de votre Majesté est préparé à l'Hôtel de Ville.

L'EMPEREUR. Merci, Messieurs. Je descends chez mon ami, le colonel Bertaud; nous avons un mariage à y faire, n'est-ce pas, Emmanuel?

EMMANUEL *et* FRANCE. Sire!

L'EMPEREUR. Soldats, demain au point du jour nous marchons sur Paris. (*Acclamations, fanfares, cris de Vive l'Empereur! Illuminations, etc., etc.*)

FIN.

Paris. — Imprimerie de madame veuve DONDEY-DUPRÉ, rue Saint-Louis, 46, au Marais.

LA BARRIÈRE CLICHY,

DRAME MILITAIRE

EN CINQ ACTES ET QUINZE TABLEAUX,

PAR M. ALEXANDRE DUMAS,

Mise en scène de M. ALBERT, Musique de M. FESSY, Ballet de M. LAURENT,
Décorations de MM. WAGNER, CICÉRI, CHERET, DUFLOCQ, MOYNET et SACCHETTI.

Représenté pour la première fois à Paris sur le Théâtre National (ancien Cirque),
le 21 avril 1851.

PRIX : 60 CENTIMES.

PARIS.
LIBRAIRIE THÉATRALE, BOULEVARD SAINT-MARTIN, 12.
ANCIENNE MAISON MARCHANT.
1851

MAGASIN THÉATRAL.

CHEFS-D'ŒUVRE DU THÉATRE FRANÇAIS, A 40 CENTIMES.

Athalie, tragédie en 5 actes.
Andromaque, tragédie en 5 act.
Avare (l'), comédie en 5 actes, de Molière.
Barbier de Séville (le), c. 5 a.
Britannicus, trag. en 5 actes.
Cinna, tragédie en 5 actes.

Cid (le), tragédie en 5 actes.
Dépit amoureux (le), c. 2 actes.
École des Femmes (l'), c. 5 actes, de Molière.
Folies amoureuses (les), c. 3 ac.
Hamlet, tragédie en 5 actes.
Horaces (les), tragédie 5 actes.

Iphigénie en Aulide, trag. 5 act.
Mahomet, tragédie en 5 actes.
Mort de César (la), trag. 5 act.
Misanthrope (le), com. en 5 act. de Molière.
Mari coupable (la), c. 3 actes.
Mérope, tragédie en 5 actes.

Métromanie (la), com. en 5 act.
Malade imaginaire (le), c. 3 act.
Othello, tragédie en 5 actes.
Phèdre, tragédie en 5 act.
Polyeucte, tragédie en 5 actes.
Tartufe (le), com. en 5 actes.
Zaïre, tragédie en 5 actes.

MONOLOGUES A 25 CENTIMES.

Camille Desmoulins, monol. dr.
Chatterton mourant, monologue.

Dernuit d'André Chénier (le).
Jeanne d'Arc en prison, mono.

Lanterne de Diogène (la), mono.
Mort de Gilbert (la), mono.

Vie de Napoléon (la), récit, 1 a.
Visitad du Tasse (une), mon. 1 a.

PIECES A 50 CENTIMES.

Alchimiste (l'), d. 5 a. A. Dumas.
Ami Grandet (l'), c.-v. 3 a.
Amours de Psyché (les), p.f. 3 a.
Amours d'une Rose, (les) v. 3 a.
Ango, drame en 5 actes.
Apprenti (l'), v. en 1 a.
Ata-Gull, drame en 5 actes.
Auberge de la Madone (l'), d. 5 a.
Aumônier du régiment (l'), 1 a.
Aven. de Télémaque (les), v. 3 a.
Aveugle et son bâton (l'), v. 1 a.
Avènes en vacances (les), 2 a.
Badigeon 1er, vau. en 2 actes.
Belle Limonadière (la), c. v. 2 a.
  —drame 5 actes, A. Dumas.
Blanche et Blanchette, d.-v. 5 a.
Bonaparte, drame milit. en 5 a.
Bergère d'Ivry (la), d.-vau. 5 a.
Berline de l'Émigré (la), d. 5 a.
Brigands de la Loire (les), d. 5 a.
Biche au Bois (la), féerie, 18 tab.
Bréton de Troupiers (le), v. 1 a.
Bouillon, dr. 5 actes.
Benoît ou les deux cousins.
Bianca Cantarini, drame 5 actes.
Cabaret de Lustucru (le), v. 1 a.
Cachemire Vert (le), 1 a. A. Dumas.
Cas de Conscience (un), c. 3 a.
Cheval de Bronze (le), op. c. 3 a.
Cheval de Diable (le), dra. 5 a.
Châle Bleu (le), com. 2 actes.
Charlot, comédie en 5 actes.
Claude Stock, dra. en 4 actes.
Chauffeurs (les), drame en 5 a.
Château de Verneuil (le), d. 5 a.
Château de St-Germain (le), 5 a.
Chef-d'œuvre inconnu (le), 1 a.
Chiens du mont St-Bernard (les) drame en 5 actes.
Cromwell et Charles 1er, d. 5 a.
Caligula, tr. 5 a. A. Dumas.
Calomnie (la), com. 5 actes.
Chaudière ardente (la), 5 actes.
Christine à Fontainebleau, dra.
Canal St-Martin (le), dra. 5 a.
Chevaux du Carrousel (les), 5 a.
Chevalier de St-Georges (le), 5 a.
Chevalier du Guet (le), c. 3 a.
Christophe le Suédois, d. 5 a.
C'Homme et Perdreau, idy. 3 a.
Camus et la Grisette (le), vaud. en 1 acte.
Compagnons (les) de la Marjolaine de la Cité, drame en 6 actes.
Chevalier d'Harmental (le), dra. 5 a. Alex. Dumas et Maquet.
Conscrit de l'an VIII (le), c. 2 a.
Connétable de Bourbon (le), d. 5 a.
Comte Hermann (le), dra. 5 a. Alex. Dumas.
Chercheurs d'Or (les), dra. 5 a.
Camille Desmoulins, dra. 5 a.
Chevaliers du Lansquenet (les), drame en 5 actes.

Cravatte et Jabot, com.-vau. 1 a.
Croix de Malte (la), drame 3 a.
Chute des feuilles (la), pro. 1 a.
Chasse au chastre. A. Dumas.
Comte de Mansfield, dr. 4 actes.
Chevau-légers de la reine, 3 a.
Corde de pendu.
Deux Anges, c.-v. 3 actes.
Deux Ambassad. de la grande mère (les), 1 acte.
Discrétion (une), com. 1 a.
Deux Serruriers (les), d. 5 a.
Demoiselles de Saint-Cyr (les).
  —drame 5 actes, A. Dumas.
Deux Divorces (les), v. 1 a.
Demoiselle majeure (la), v. 1 a.
Domestique pour tout faire.
Dot de Suzette (la), d. 5 a.
Doigt de Dieu (le), dra. 1 a.
Don Juan de Marana, A. Dumas.
Diane de Chivry, drame, 5 a.
Duchesse de la Vaubalière (la).
Élève de Saint-Cyr (l'), d. 5 a.
En pénitence.
Éclat de rire (l'), dra. 3 a.
École Buissonnière (l'), c.-v.
École du monde, 5 actes.
Éléphants de la Pagode (les).
Emma, comédie en 3 actes.
Empire (l'), 3 actes et 16 tab.
Enfants d'Édouard (les), 5 a.
Enfants de Troupe (les), v. 2 a.
Enfants du Délire (les), 1 a.
Estelle, com. par Scribe, 1 acte.
Être aimé ou mourir, com. 1 a.
Eulalie Granger, drame 5 actes.
En Sibérie, drame en 3 actes.
Entre l'enclume et le marteau, 1.
Étoiles (les), vaudeville 4 actes.
Expiation (une), drame 4 actes.
Faction de M. le Curé (la), v. 1 a.
Famille du Mari (la), com. 3 a.
Frères corses (les) dra. 3 actes.
Famille Moronval (la), dra. 5 a.
Famille du Fumiste (la), v. 2 a.
Fargeau le Nourrisseur, v. 2. a.
Fille à Nicolas (la), c.-v. 3 a.
Fille de l'Avare (la), c.-v. 3 a.
Fille de l'Air (la), féerie 5 a.
Filets de Saint-Cloud (les), d. 5 a.
François Jaffier, dr. en 5 actes.
Fashion (un vrai) c.v. 2 actes.
Folie de l'Aiguiette (la), v. 1 a.
Folie de Waterloo (la), d.-v. 2 a.
Forte-tête, drame en 5 actes.
Faldi il Novice, dr. en 5 actes.
Fils de la Folie (le), dr. en 5 a. par F. Soulié.
Fils d'une grande Dame (le), 2 a.
Fille du Régent (la), A. Dumas.
Ferme de Montmirail (la).
Grande Histoire (une), en 5 a.
Garçon de recette (le), d. en 5 a.

Gars (le), drame en 5 actes.
Gaspard Hauser, dr. en 5 actes.
Grand Mère (la), 3 actes, Scribe.
Geneviève de Brabant, mélod.
Gazette des Tribunaux (la), v. 1 a.
Guerre de l'indépendance (la).
Guerre des Femmes.
Halifax, com. par Alex. Dumas.
Henri le Lion, drame en 5 a.
Homme du Monde (l').
Honneur dans le crime (l'), 5 a.
Honneur de ma mère (l'), 1 a.
Indiana et Charlemagne, 1 acte.
Indiana, drame en 5 actes.
Île d'amour (l'), c.-v. 2 actes.
Il faut que jeunesse se passe.
Impressions de voyage (les).
Japhet à la recherche d'un père.
Jacques le Corsaire, dr. 5 actes.
Jacques Cœur, drame en 5 actes.
Jarvis l'honnête homme, d. 5 a.
Jeanne de Flandre, d. en 5 a.
Jeanne de Naples, idem.
Jeanne Hachette, dr. en 5 acte.
Je serai comédien, com. 1 act.
Juive de Constantine (la), 5 a.
Jarnic le Breton, drame 5 actes.
Juillet, drame 3 actes.
Lestocq, op.-com. 3 a.
Lactance (la), c.-v. 2 actes.
Léon, drame en 5 actes.
Lucio, drame en 5 actes.
Louisette, c.-v. en 2 actes.
Louise Bernard, Alex. Dumas.
Laird de Dumbiky (le), A. Dum.
Lorenzino, par Alex. Dumas.
Lescombat (la), d. en 5 actes.
Lucrèce, com.-vaudeville.
Le Lansquenet, vaudeville 2 a.
Madame Panache, c.-v. 2 actes.
Margot, vaudeville. 1 a.
Mineurs de Trogloff (les), d. 3 a.
Mont-Bailly, drame, 4 actes.
Marco, comédie en 2 actes.
Misère (la), dr., 5 actes.
Maurice et Madeleine, 3 actes.
Morino Faliero, tragédie, 5 actes.
Marie, comédie, 5 actes.
Mari de la veuve (le), A. Dumas.
Marguerite d'York, dr. 5 actes.
Marguerite de Quélus, idem.
Marguerite, vaudeville, 5 actes.
Mathieu Laensberg, 3 actes.
Madame et Monsieur Pinchon.
Mazel, drame en 5 actes.
Monk, drame en 5 actes.
Maîtresse de langues (la), v. 1 a.
Marquise de Senneterre (la).
Mathilde ou la Jalousie, 2 actes.
Monsieur et Madame Galochard.
Murat, drame en 5 actes et 16 tab.
Mari de la dame de chœurs (le).
Marquise de Prétintailles (la).

Madeleine, drame en 5 actes.
Manoir de Montlouviers (le), 5 a.
Main droite et main gauche (la).
Mademoiselle de la Faille, d. 5 a.
Marché de Saint-Pierre (le), 5 a.
Maître d'école (le), c.-v. 2 actes.
Mémoires du diable (les), 5 a.
Mille et une nuits (les), 3 a. 16 t.
Moulin des tilleuls (le), 1 acte.
Ma maîtresse et ma femme, 2 a.
Mon parrain de Pontoise, 1 a.
Mère de la débutante (la), 3 a.
Mme Camus et sa demoiselle.
Marceline, drame 5 actes.
Meunier de Marly (la), 1 acte.
Monsieur Lallier.
Naufrage de la Méduse (le), 5 a.
Napoléon Bonaparte, A. Dum.
Nonne sanglante (la), dr. 5 actes.
Nouveau Juif-Errant (le), 3 actes.
Officier bleu (l'), dr. 5 actes.
Orphelins d'Anvers (les), idem.
Ouvrier (l'), 5 actes, F. Soulié.
Parisienne (une), c.-v. 2 actes.
Philippe III, tragédie 3 actes.
Paris au bal, vaudeville 3 actes.
Paris dans la comète, 3 actes.
Peste noire (la), drame 5 actes.
Paysan des Alpes (le), dr. 5 actes.
Paul Jones, 5 actes, Alex. Dum.
Pauvre mère, dr. 5 actes.
Père Turlututu (le).
1res armes de Richelieu (les), 3 a.
Proscrit (le), 5 a. Fréd. Soulié.
Pauvre fille, idem.
Pascal et Chambord, 2 actes.
Paméla Giraud, 5 actes, Balzac.
Paul et Virginie, 5 actes.
Paris la nuit, idem.
Paris le bohémien, idem.
Plaine de Grenelle (la), 5 actes.
Pensionnaire mariée (la), v. 2 a.
Perruquier de l'empereur (le).
Pierre Lerouge, c.-v. 2 actes.
Pilules du diable (les), f. 18 tab.
Petites misères de la vie humaine.
Petit Tondu (le), 3 a. et 10 tab.
Pruneau de Tours, vaud. 1 acte.
Pauline, drame 5 actes.
Pied de mouton (le), féerie.
Pierre, Blache et l'Impératrice Joséphine (le), dr. 10 ca.
Prussiens en Lorraine (les), 5 a.
Pauline, châtiment d'une mère.
Paris à cheval, c.-v. 3 actes.
Père Tempête-fort, vaud. 2 act. a.
86 mains (?).
Quatre coins de Paris (les), 5 a.
Qui se ressemble se suit, v. 1 a.
Quand l'auteur s'en va, v. 1 a.
Réunion de Canton, com. 1 acte.

Riche et pauvre, drame 5 actes.
Rita l'Espagnole, dr. 5 actes.
Roméo et Juliette, 5 actes, par F. Soulié.
Rubans d'Yvonne (les), c. 1 act.
Ralph le bandit, mélod. 5 actes.
Révolution Française (la), 4 act.
Rigobert ou fais-moi bien rire.
Rameneur (le), dr.-vaud. 2 actes.
Sabotière (la), dr. 5 actes.
Sac à malices (le), féer. en 3 act.
Servante du curé (la).
Stella, drame en 5 actes.
Sans nom, lol.-vand. 1 acte.
Sept Châteaux du diable (les).
Sœur du Muletier (la), dr. 5 a.
Sept enfants de Lara (les), 5 a.
Sonnette de nuit (la), en un acte.
Stéphen, dr. 5 actes.
Sous une porte cochère, v. 1 act.
Simplette, vaud. 1 acte.
Tâche de sang (la), dr. 3 act.
Trois épiciers (les), vaud. 3 act.
Traite des noirs (la), dr. 5 actes.
Tremblement de terre de la Martinique (le), dr. 5 act.
Tirelire (la), vaudeville, 1 acte.
Thomas Mauresvert, drame, 6 a.
Tailleur de la Cité (le), dr. 5 ac.
Tyran d'une femme, v. 1 acte.
Urbain Grandier, par A. Dumas.
Un grand Criminel, dr. 3 actes.
Vicomte de Giroflé (le), 1 acte.
Vautrin, dr. 5 a. par Balzac.
Vendredi (le), vaud. 1 acte.
Vénitienne (la), dr. en 5 actes.
Voisin (la), dr. 5 actes.
Vouloir c'est pouvoir, c. v. 2 a.
Une nuit au Louvre, drame 3 a.
Veille de Wagram.
Voyage en Espagne, vaud. 1 acte.
Zanetta ou jouer avec le feu.

PUBLICATIONS NOUVELLES.

CLAUDIE, drame en 3 actes, par GEORGES SAND................................. 1 50
FRANÇOIS LE CHAMPI, comédie en 3 actes, en prose, par Mme GEORGES SAND....... 1 50
LE JOUEUR DE FLUTE, comédie en un acte, par M. E. Augier..................... 1 50
LA JEUNESSE DES MOUSQUETAIRES, drame 5 actes, par MM. Alex. Dumas et Maquet.. 1 »
PAILLASSE, drame en 5 actes, de MM. Dennery et Marc Fournier................. » 60
JENNY L'OUVRIÈRE, drame en 5 actes, de MM. Decourcelle et J. Barbier......... » 60
LA FILLE DU RÉGIMENT, opéra comique en 2 actes, de MM. Bayard et de Saint-Georges. » 60
URBAIN GRANDIER, drame en 5 actes par M. Alex. Dumas et Auguste Maquet....... » 50
BONAPARTE, ou les 1res Pages d'une grande Histoire, pièce milit. en 20 tabl. de M. F. Labrousse. » 50
LES FRÈRES CORSES, 5 actes, tiré du roman d'Alex. Dumas par MM. Grangé et Montépin. » 50
LE PETIT TONDU, drame militaire en trois actes, par M. F. Labrousse.......... » 50
LA CHASSE AU CHASTRE, fantaisie en 3 actes et 8 tableaux, par M. Alex. Dumas.. » 50
HENRI LE LION, drame en 5 actes, par MM. St-Ernest et Filliot................ » 50
PAULINE, drame en 5 actes, tiré du roman de M. Al. Dumas, par MM. Grangé et Montépin. » 50
L'ARMÉE DE SAMBRE-ET-MEUSE, 4 actes et 19 tableaux, par F. Labrousse et Frédéric. » 50
I Y A PLUS D'UN ANE A LA FOIRE...Vaud. en 1 acte, par MM. Paul de Kock et de Guiches. » 50
LA FEMME DE MÉNAGE, vaudeville en 1 acte, par M. Michel Delaporte........... » 50
LA BARRIÈRE CLICHY, drame militaire en 5 actes et 15 tableaux, par Alex. Dumas. » 50

VALÉRIA,

DRAME EN CINQ ACTES ET EN VERS,

PAR

MM. AUGUSTE MAQUET et JULES LACROIX.

PRIX : 2 FRANCS.

Paris. — Imprimerie de Mme Ve DONDEY-DUPRÉ, rue Saint-Louis, 46, au Marais.

www.ingramcontent.com/pod-product-compliance
Lightning Source LLC
LaVergne TN
LVHW022128080426
835511LV00007B/1071